들으시는 하나님

우리의 기도를 변화시키는 성경 이야기

The God Who Hears
by Sarah Ivill

Copyright ⓒ 2022 by Sarah Ivill
Originally published in English under the title *The God Who Hears*
by Reformation Heritage Books, Grand Rapids, MI, USA.

This Korean edition is translated and used by permission of Reformation Heritage Books
through rMaeng2, Seoul, Republic of Korea.

This Korean Edition ⓒ 2024 by Word of Life Press Korea, Seoul, Republic of Korea.

이 한국어판의 저작권은 알맹2를 통하여 Reformation Heritage Books와 독점 계약한 생명의말씀사에 있습니다.
신저작권법에 의하여 한국 내에서 보호받는 저작물이므로 무단전재와 무단복제를 금합니다.

들으시는 하나님
우리의 기도를 변화시키는 성경 이야기

ⓒ 생명의말씀사 2024

2024년 1월 25일 1판 1쇄 발행

펴낸이 | 김창영
펴낸곳 | 생명의말씀사

등록 | 1962. 1. 10. No.300-1962-1
주소 | 서울시 종로구 경희궁1길 6 (03176)
전화 | 02)738-6555(본사) · 02)3159-7979(영업)
팩스 | 02)739-3824(본사) · 080-022-8585(영업)

기획편집 | 김민주, 허윤희
디자인 | 조현진
인쇄 | 영진문원
제본 | 보경문화사

ISBN 978-89-04-16866-8 (03230)

저작권자의 허락 없이 이 책의 일부 또는 전체를
무단 복제, 전재, 발췌하면 저작권법에 의해 처벌을 받습니다.

창세기부터 요한계시록까지
하나님의 언약을 따라 드리는 기도

들으시는 하나님

우리의 기도를 변화시키는 성경 이야기

The God Who Hears: How the Story of the Bible Shapes Our Prayers

사라 이빌 지음
최장건 옮김

생명의말씀사

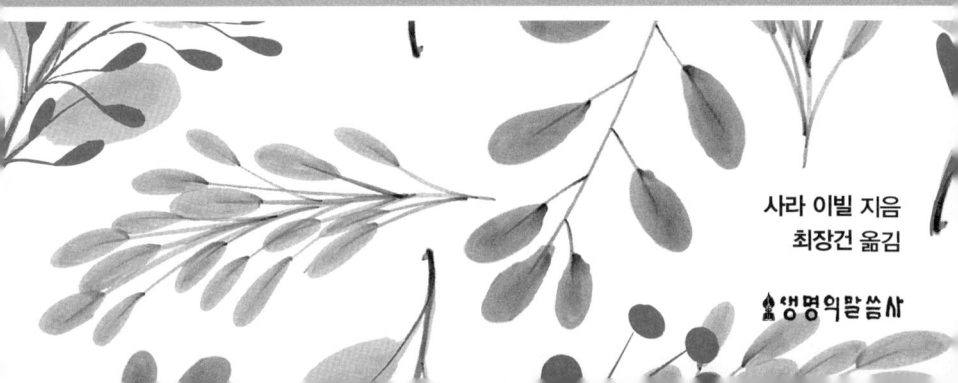

나의 사랑하는 구세주,

하늘을 뚫고 오신 나의 위대한 대제사장,

나의 연약함을 동정하시며 모든 일에 나와 똑같이 시험을 받으신 이로되

죄는 없으신 하나님의 아들 예수님,

은혜의 보좌로 담대히 나아갈 수 있는 선물을 주신 분,

그러므로 자비를 얻으며

때를 따라 도우시는 은혜를 발견할 수 있게 하신 이에게 드립니다.

히브리서 4장 14-16절로 드리는 기도문

저자의 말

이 책은 성경신학적 기도에 대해 다룬다. 창세기부터 요한계시록까지 펼쳐지는 기도를 이해하는 일은, 우리가 드리는 기도의 기초와 동기를 드러내는 것이다. 우리는 하나님께서 우리와 대화를 시작하셨다는 진리로부터 출발한다. 하나님은 우리를 그분과의 관계 속에 존재하도록 창조하셨다. 우리는 하나님께서 우리의 간구를 들으실지 궁금해할 필요가 없다. 우리는 하나님께서 우리의 소리를 들으시고, 우리를 아시며, 우리를 사랑하신다고 확신할 수 있다.

성경에서 펼쳐지는 이야기를 통해 기도를 공부함으로써 우리는 어떻게 기도해야 하는지 배우고, 기도의 대상이 되시는 언약의 하나님을 깊이 알게 된다. 그분의 귀는 항상 열려 있어 우리의 기도를 들으시며, 우리의 기도와 찬양을 기뻐하신다. 기도할 때 우리는 온 땅의 주인이시자 우리를 창조하신, 온 세상의 구세주 앞으로 나아가게 된다. 이 책을 읽는 당신을 향한 나의 기도는 단순하다. 당신이 기도하는 것뿐만 아니라, 기도로 우리를 초대하시는 하나님을 기뻐할 수 있기를 소망한다.

감사의 말

오래전 웨스트민스터신학대학원의 목회학 석사과정 중에 성경신학을 접했다. 게할더스 보스, 헤르만 리델보스, 에드문드 클라우니, 데니스 존슨, 이안 두기드, 그레고리 빌과 같은 저자들은 나에게 엄청난 유익을 주었다. 그렇기에 리폼드 헤리티지북스 출판사, 특별히 제이 콜리어와 데이비드 울린이 이 저술 작업에 열정적으로 참여하고 지원해 주었을 때 매우 기뻤다.

또한 매주 하나님의 말씀을 신실하게 선포하고 기도를 예배의 중심이자 우리가 하는 모든 것들의 중심으로 삼는 그리스도언약교회(PCA)의 목사님들께 감사드린다. 그리고 그녀들과 함께 기도할 수 있는 특권을 허락해 주며, 나를 위해 신실하게 기도해 준 성경 공부반의 자매들에게도 감사드린다.

오랫동안 나를 위해 신실하게 기도해 주신 아버지와 어머니, 데이비드와 주디 겔로드에게 감사드린다. 말로 표현할 수 없을 만큼 두 분을 사랑하고, 두 분을 위해 기도하는 것은 나의 기쁨이다.

특별히 나의 저술 작업을 위해서 나와 함께 그리고 나를 위해 기도해 주며, 그를 위해 기도할 수 있는 특권을 허락해 준 나의 남편 찰스에게 감사의 말을 전한다. 그리고 나의 자녀들 갈렙, 한나, 다니엘, 루디아에게도 감사의 말을 전한다.

마지막으로 기도를 가능하게 만드시는 나의 하나님, 나의 주님이시요 구원자이신 예수 그리스도, 성령님께 감사드린다. 성령님을 따라 아들을 통해 아버지께 기도하는 것은 나의 가장 큰 기쁨이자 특권이다. 그리고 성령님께서 내가 마땅히 기도할 바를 알지 못할 때 나의 연약함을 도우실 뿐 아니라 친히 하나님의 뜻을 따라 나를 위해 중보하신다는 사실은 나의 가장 큰 위로이다(롬 8:26-27).

목차

저자의 말 07
감사의 말 08
성경신학적 기도에 대한 서론 14

1. 부르시는 하나님 – **창조부터 타락까지** 29
이야기의 시작 | 자발적인 관계 | 깨어진 관계 | 법정이 된 동산 | 동산에서의 복음 | 최종 결정

2. 기도받기에 합당하신 하나님 – **타락부터 홍수까지** 43
우리는 누구에게로 돌아갈까? | 하나님의 이름 | 은혜를 입은 한 사람 | 그분은 창조자이시다 | 그분은 보존자이시다 | 그분은 공급자이시다 | 그분은 우리의 안위이시다

3. 신실하신 하나님 – 홍수부터 족장까지   61

아브라함과 맺으신 하나님의 언약 | 나를 부요하게 하시는 여호와 | 하나님이 신실하신지 어떻게 아는가? | 강력한 요구 | 그분이 이끄시는 곳으로 따르라 | 하나님의 언약은 우리 기도의 기반이 된다 | 하나님은 우리가 기도할 때 들으신다 | 여호와는 우리의 두려움과 고통을 들으신다 | 여호와께서 용서하신다 | 그분의 신실하심을 확인하라

4. 기억하시는 하나님 – 족장부터 모세까지   87

섭리를 통해 나타난 연민 | 하나님과 논쟁하지 말라 | 우리는 하나님을 두려워할 필요가 없다 | 우리는 중보할 수는 있지만 구원할 수는 없다 | 당신이 가지 않으시면 우리도 갈 수 없습니다 | 불뱀과 놋뱀

5. 들으시는 여호와 하나님 – 모세부터 다윗과 솔로몬까지   109

한나의 진심어린 기도 | 한나의 기도로부터 얻는 격려 | 한나의 기도의 중요성 | 하나님의 마음에 합한 사람 | 위대한 왕 | 그분의 자비는 더욱 크다 | 죄인들은 구세주가 필요하다 | 솔로몬의 절정의 기도 | 위대한 진전

6. 신뢰할 수 있는 하나님 – 솔로몬부터 포로기까지   135

영광의 날들이 지나갔는가? | 과부의 아들을 위한 엘리야의 기도 | 의인의 간구 | 하나님이 우리를 위하시면 누가 우리를 대적하리요 | 누구를 신뢰하겠는가? | 회개의 기도

7. 용서하시는 하나님 – 포로기부터 포로 귀환까지   157

좌절된 것처럼 보이는 하나님의 약속들 | 다니엘의 고백기도 | 큰 죄악 | 기도로 준비하기 | 고백의 기도

8. 기도하시는 주님 – 왕국의 개시   181

말씀이 육신이 되다 | 예수님의 생애에서 기도의 중요성 | 예수님은 기도에 관해 가르치신다 | 베드로를 위한 예수님의 기도 | 예수님의 대제사장적 기도 | 감람산에서의 기도 | 십자가에서의 기도

9. 성령으로 우리와 함께하시는 주님 – 종말의 시대 207

성령의 약속 | 담대함을 구하는 기도 | 기도의 능력 | 기도의 효과 | 빌립보 감옥에서의 기도 | 찬양 보고서 | 데살로니가 교회를 위해 하나님을 찬양하다 | 데살로니가 성도들을 위한 지속적인 기도 | 에베소 교회를 위한 감사의 기도 | 속사람의 강건함을 위한 기도 | 빌립보 성도들을 위해 하나님을 찬양하다

10. 곧 오실 주님 – 왕국의 완성 239

새 하늘과 새 땅 | 새 예루살렘에서의 예배 | 하나님의 거룩하심과 주권에 대한 찬양 | 경배받으시기 합당한 하나님을 향한 찬양 | 하나님의 구원을 찬양 | 하나님의 왕권에 대한 찬양 | 하나님의 행하신 일들에 대한 찬양 | 하나님의 사랑을 향한 찬양

주 256
참고 도서 260

성경신학적 기도에 대한 서론

나는 항상 이야기를 좋아했다. 어렸을 때 가장 좋아했던 일 중 하나는 조용한 공간에 앉아 좋은 책을 읽는 것이었다. 엄마가 된 지금도 네 명의 아이들과 함께 앉아 책 읽는 것을 가장 좋아한다. 종종 책에 빠져서 시간 가는 줄 모를 때도 많다. 이야기가 어떻게 진행되는지 혹은 결말이 어떻게 될지 너무 궁금해서 점심을 먹을 때도 책을 손에서 놓지 못하거나, 이야기에 몰입해 등장인물과 함께하는 상상을 하기도 한다.

하지만 그 어떤 이야기와도 견줄 수 없는 이야기가 있다. 나는 어렸을 때 이 이야기와 사랑에 빠졌고, 하나님의 은혜 가운데 이 이야기보다 더 사랑하는 것을 발견한 적이 없었다. 바로 성경 이야기다.

창세기부터 요한계시록까지 하나님의 이야기를 읽으면서 나는 종종 확신을 얻고 위로의 눈물을 흘린다. '창조, 타락, 구속, 완성'을 이야기하는 성경의 중요한 서사는 하나의 유기체처럼 완벽하게 맞아떨어진다. 우리는 그 일관성(cohesiveness)에 놀랄 수밖에 없다. 신적 저자이신 성령님은 인간 저자 개개인에게 영감을 주셨다. 어떤 인간도 이와 같은 이야기를 쓸 수 없다.

성경의 이야기는 경외심을 불러일으킨다. "내용의 신령함, 교리의 효력, 문체의 장엄함, 모든 부분의 일치, 전체적인 목적(모든 영광을 하나님께 돌리는 것), 인간 구원을 위한 유일한 길을 온전히 제시하는 내용을 비롯해 비할 데 없는 탁월한 속성들과 그 완전성"을 생각해 보라. 무엇보다 오직 성령님만이 우리의 마음에 "성경에 대한 무오한 진리와 신적 권위에 대한 믿음과 확신"을 주실 수 있다.[1]

우리의 책장에는 이 이야기에 필적할 수 있는 다른 책이 없다. 따라서 이 책을 통해 성경, 특히 성경에 나오는 기도라는 주제를 공부함으로써 성경 공부에 대한 당신의 흥미를 이끌어 내고자 한다. 당신이 성경 그 자체의 이야기를 이해하기만 한다면, 당신은 분명히 변화될 것이다.

당신의 성경 공부가 달라질 뿐만 아니라 당신의 직업, 결혼, 사역, 육아, 부모님을 돌보는 일 등 당신의 모든 삶에 대한 접근도 달라질 것이다. 성경의 큰 이야기의 빛을 따라 작은 이야기들을 보기 시작하고, 이전에 이해하지 못했던 것들을 이해하기 시작할 것이다. 그렇다면 다른 저자들이 비길 수 없는 이 이야기는 어떤 이야기인가?

이 이야기는 언약적이다

성경 이야기의 원저자는 언약을 만드시며 언약을 지키시는 하나님이시다. 그러나 그분은 성령님을 통해 인간 저자들에게 영감을 주셔서 66권의 성경을 수백 년이 넘는 시간에 걸쳐 기록하게 하셨다. 이 이야기는 창조(창 1-2장)와 타락(창 3장)으로 시작해 하나님 나라가 완성(계 21-22장)되는 구원의 역사를 말하고 있다. 성경의 나머지 부분도 모두 구속에 초점을 맞추고 있으므로, 우리는 그리스도께서 이 이야기의 주인공이라는 사실을 쉽게 확인할 수 있다.

성경의 언약적 틀은 구속언약(covenant of redemption)과 행위언약(covenant of works) 그리고 은혜언약(covenant of grace)을 보여 준다. 구속언약은 에베소서 1장 4절에서 묘사되는데, 성부 하나님께서 "창세 전에 그리스도 안에서 우리를 택하사 우리로 사랑 안에서 그 앞에 거룩하고 흠이 없게 하시려고" 하셨음을 가르쳐 준다. 성부 하나님은 우리의 구원을 정하셨고, 성자 하나님은 그것을 성취하셨으며, 성령 하나님은 그것을 적용하신다.

창세기 1-2장에 묘사된 행위언약은 하나님에 의해 아담과 함께 시작되었다. 거기에는 안식일을 거룩하게 지키는 것, 다스리고 번성하는 것, 결혼과 출산, 그리고 하나의 명령이 포함되어 있다. 하나님은 아담에게 선악을 알게 하는 나무의 열매 단 한 가지를 제외하고 동산에 있는 모든 나무의 열매를 먹을 수 있게 하셨다. 만약에 그 나무의 열매를 먹는다면 그는 죽을 것이었다. 비극적이게도, 아담은 하나님의 명령에 순종하는 데 실패했고, 모든 인류는 그와 함께 이 첫 번째 죄 안에서 타락했다.

하지만 죽음은 최종 결정권을 갖지 못했다. 창세기 3장 15절에서 은혜언약이 세워졌다. 하나님은 그 뱀의 후손과 그 여자의 후손 사이를 원수가 되게 하시겠다고 약속하셨다. 여자의 후손은 뱀의 머리를 상하게 할 것이고, 뱀은 그의 발꿈치를 상하게 할 것이다. 이것은 씨앗 형태로 담긴 복음이다. 결론부터 말하자면, 그 여자의 후손은 그리스도이시다. 그리스도는 십자가에서 죄와 죽음을 이기시고 그분의 모든 원수를 이기셨다.

웨스트민스터 대요리문답(이후 WLC로 칭한다) 31번 문항은 "은혜언약은 두 번째 아담이신 그리스도와, 그리고 그리스도 안에서 그리스도의 씨로 선택된 모든 사람과 맺어졌다."라고 언급하고 있다. 은혜언약은 성경을 통해 점진적으로 계시되는데, 하나님께서 노아(창 6:17-22; 8:20-22; 9:1-17), 아브라함(창 12:1-3; 15:1-21; 17:1-2), 모세(출 19-24장), 다윗(삼하 7장)과 맺은 언약 그리고 그리스도 안에서 완전히 성취되는(고후 1:20) 새 언약(렘 31:31-34)으로 나타난다.

이 이야기는 역사적이다

성경의 역사적인 문맥을 이해하지 않고서는 기도에 관한 성경 말씀을 읽을 수 없다. 창세기 1-2장은 역사적 실제 인물들인 아담과 하와의 창조주이자 언약의 왕을 소개하고 있다. 아담과 하와가 죄로 타락한 것은 전설이 아니라 사실이며, 모든 인류에게 근원적인 영향을 끼친 역사적 사건이다.

로마서 5장 12절은 "그러므로 한 사람으로 말미암아 죄가 세상에 들어오고 죄로 말미암아 사망이 들어왔나니 이와 같이 모든 사람이 죄를 지었으므로 사망이 모든 사람에게 이르렀느니라"고 기록하고 있다. 마찬가지로 노아와 방주의 이야기, 바벨탑 사건, 온 나라들이 분열된 것 또한 역사적인 사실이다.

창세기부터 요한계시록까지 읽어 가면서, 우리는 실제 역사를 읽는다. 하지만 그것은 선택된 역사이기도 하다. 창조의 역사, 타락, 홍수, 노아와 족장들과 맺으신 하나님의 언약들은 나머지 성경 이야기를 이해하는 데 기초가 되는 중요한 장면들이다. 모세 그리고 다윗과 맺으신 언약, 솔로몬의 영광스러운 날들은 다가오는 그리스도의 왕국을 엿볼 수 있게 해 준다.

앗수르의 손아귀에 있던 이스라엘과 바벨론의 압제 아래 있었던 유다의 유배는 인류가 얼마나 큰 죄악 가운데 있는지 나타내 주며, 그들에게 구세주가 얼마나 절실한지 드러낸다. 세 명의 인솔자(스룹 바벨, 에스라, 느헤미야)를 통해 3차에 걸쳐 진행된 바벨론 포로 귀환은 희미한 희망을 보여 준다. 하지만 이 역시 그리스도 안에서 다가올 영광의 그림자에 불과하다.

구약의 역사 속에서 펼쳐지는 이야기는 복음과 관계되어 있다. 바울은 갈라디아서 3장 8절에서 "또 하나님이 이방을 믿음으로 말미암아 의로 정하실 것을 성경이 미리 알고 먼저 아브라함에게 복음을 전하되 모든 이방인이 너로 말미암아 복을 받으리라 하였느니라"고 말한다. 구약성경은 복음을 선포한다!

이안 두기드가 말했듯이, "구약성경은 분명히 그리스도에 관한 책이며, 세부적으로는 그의 고난과 그에 뒤따를 영광에 관한, 즉 고난을 통해 그의 영광스럽고 영원한 왕국을 세우실 메시아에 관한 하나님의 약속에 관한 책이다 … 모든 구절의 핵심은 어떤 식으로든 복음 중심 메시지로 우리를 인도한다."[2]

따라서 우리가 성경을 통해 기도에 관한 구절들을 공부할 때, 그 구절들이 그리스도의 삶과 죽음 그리고 부활의 복음으로 우리를 인도함을 확신할 수 있다.

또한 구약의 역사 속에서 펼쳐지는 이야기는 신약으로 이어진다. 복음은 그리스도의 왕국의 출범으로 시작된다. 이어서 사도행전의 교회를 향한 바울의 편지들과 일반서신들은 종말의 시작을 다루고 있다. 그리고 사도 요한은 요한계시록 마지막에서 그리스도의 왕국의 완성을 묘사한다.

이 이야기는 구속적이다

당신이 성경을 펼치자마자, 숨 쉴 틈도 없이 창조 세계가 악화되는 이야기를 마주하게 된다. 아담과 하와는 여호와 하나님께 불순종했고 그들은 그분의 임재를 누릴 수 있는 장소인 에덴동산에서 떠나야 했다. 하나님께서 타락한 인류를 향한 구속을 시작하셨지만, 그것이 즉각적인 변화로 다가오지는 않았다.

이 이야기는 수천 년에 걸쳐 이어졌고 분노와 오만, 거짓과 욕망, 적대감과 살인, 죄와 수치로 채워졌다. 많은 순간 하나님의 약속들이 좌절된 것 같고, 때때로 그분의 계획이 흔들리는 듯 보이기도 한다. 그럼에도 그 모든 것들을 통해 어둠 속에서 구속의 희망의 빛이 반짝임을 보게 된다.

성경 이야기는 구속적이기 때문에 신약과 구약을 묶는 열쇠는 구속자다. 하나님의 약속들, 구세주에 관한 예언들, 제단에서 드려진 제물, 모든 유대 남성의 할례, 유월절과 이스라엘의 다른 절기들은 장차 오실 그리스도를 가리켰다. 이것들은 당시에 성령님의 역사를 통해 약속된 메시아를 믿는 믿음 안에서 선택받은 백성을 가르치고 든든히 세우는 데 효과적이었으며, 그들은 약속된 메시아를 통해 온전한 죄 사함과 영원한 삶을 선물로 받았다(웨스트민스터 신앙고백서 7.5-이후 WCF로 칭한다).

신약에서 복음의 모든 영광이 발산된다. 겉으로는 솔로몬 성전처럼 대단해 보이지 않지만, 그보다 훨씬 뛰어난 영광을 지니고 있다. "아버지의 독생자의 영광이요 은혜와 진리가 충만"한(요 1:14) 이가 나타내는 참된 성전이 도래했다. 구약의 제사는 더 이상 필요하지 않다. 그리스도께서 마지막 제물로서 그것들의 목적을 성취하셨다. 말씀 선포와 세례와 성찬은 이 복음을 온 열방에 탁월하게 선포한다(WCF 7.6).

이 이야기는 그리스도 중심적이다

예수님은 친히 자신을 성경의 중심인물이라고 하셨다. 누가복음 24장에서 우리는 예수님의 이야기를 이해하고자 노력하는 두 명의 제자에 대해 읽는다. 그들은 예루살렘에 있었으며 예수님의 생애 마지막 때에 일어난 일들을 목격했다.

이제 그들은 집으로 돌아가기 위해 엠마오로 가는 길이었으며, 매우 괴로워했다. 그들의 희망은 꺾였다. 그들은 예수님께서 이스라엘을 구원하실 분이라고 생각했지만, 그분은 십자가에 못 박혀 죽으셨다. 그 무덤은 비었으며 예수님은 어디에도 보이지 않았다.

예수님은 그들에게 "미련하고 선지자들이 말한 모든 것을 마음에 더디 믿는 자들이여 그리스도가 이런 고난을 받고 자기의 영광에 들어가야 할 것이 아니냐 하시고 이에 모세와 모든 선지자의 글로 시작하여 모든 성경에 쓴 바 자기에 관한 것을 자세히 설명하"셨다(눅 24:25-27).

예수님의 이 가르침은 엠마오의 두 제자뿐만 아니라 그분께서 지상 사역을 하시는 동안 함께했던 제자들에게 주어진 특권이었다. 누가는 같은 장에서 예수님께서 그들의 마음을 열어 성경을 깨닫게 하셨다고 말한다. 모세의 율법과 선지자들과 시편이 그분에 관해 기록된 것임을 말이다. 이것들이 성취되어야 하며 예수님은 자신이 그 성취임을 그들에게 말씀하셨다(눅 24:44-47).

예수님은 죄 없이 십자가에서 죽기까지 순종하신 두 번째 아담이시다. 그분은 뱀의 머리를 상하게 하신 여자의 후손이시다(창 3:15). 또한 그의 백성들을 십자가를 통해 구원하신 마지막 노아이시며(엡 2:16), 땅의 모든 족속들이 복을 받도록 하시는 마지막 아브라함이시다(행 2:28-39; 3:25-26; 갈 3:13-14, 29).

우리의 죄를 위해 희생되신 마지막 이삭이시자, 마지막 유월절 어린양이시다(출 12:13). 우리의 죄를 속하신 마지막 희생제물이시자(레 16:14-16), 아론보다 더 위대하신 마지막이자 완전한 제사장이시다(히 9:11-12). 광야에서 시험을 받으시고 순종하신 참 이스라엘이시며(마 4:1-11), 죄인을 죽음에서 구원하시기 위해서 들림받은 분이다(민 21:9).

그분은 모세보다 위대한 선지자이시고(신 18:15-22), 언약을 파기한 이들을 향해 은혜를 베푸시는 분이다(신 27장). 그분은 언약궤이시며 속죄소의 피이시다(히 9:1-14). 그분은 참된 생명의 떡이자 세상의 빛이시다(요 6:48, 51; 8:12). 또한 여호와의 군대 대장이시며(수 5:14), 죄에 빠지지 않으시면서 그분의 백성들을 대신해 심판받으심으로 그들을 구원하신 최후의 심판자이시다(고후 5:21). 보아스보다 위대한 마지막 기업 무를 자이시며(룻 3:12-13), 그분의 백성을 하나님께 찬양으로 인도하는 마지막 노래하는 자이시다(히 2:12).

그분은 완전한 공의와 의로 다스리는 마지막 다윗이며(요 18:37), 지혜가 충만할 뿐만 아니라 지혜 그 자체이신 마지막 솔로몬이시다(고전 1:30). 백성을 위해 고난당하면서도 입을 열지 않으시는 마지막 선지자이시며(사 53장), 양들의 위대한 목자이시다(겔 34:11-24).

왜 성경신학적 기도여야 할까?

나는 수년 동안 여성들에게 성경을 가르칠 때 성경의 연대표를 제공하면서 창조, 타락, 구속, 완성의 성경의 큰 이야기에 대해 가르쳤다. 그리고 이런 큰 사건들 사이에 구속의 역사를 통해 일어나는 작은 사건들을 가르쳤다. 나의 목표는 그들이 성경을 연대순으로 읽고 원래의 문맥뿐만 아니라 구속사의 빛 안에서 본문을 연구하도록 하는 것이다.

만약 그들이 신약을 공부하고 있다면 구약으로, 구약을 공부하고 있다면 신약으로 넘어가도록 요청한다. 그들이 성경의 본문이 어떻게 연결되어 있는지, 어떻게 하나의 일관성(cohesive) 있는 전체로서 묶이는지, 그리고 그리스도께서 어떻게 해석의 열쇠가 되시는지를 보기 원한다.

이 책에서 나의 목표도 다르지 않다. 하나의 주제, 즉 기도를 연구하면서 성경을 통해 나타난 점진적인 계시를 보기 위해 구속사를 추적했다. 또한 그리스도를 중심으로 전체의 이야기와 어떻게 유기적으로 연결되는지 집중적으로 연구했다.

성경신학은 펼쳐지는 구속역사에 관심을 갖는 학문이다.[3] 성경은 창조, 타락, 홍수, 아브람을 부르심, 출애굽, 그리스도의 오심 등과 같은 여러 가지 구속의 시기들로 나뉜다. 이는 모든 것의 중심이신 그리스도와 함께 성경의 역사와 성경의 일관성에 초점을 맞춘다. 따라서 우리는 성경신학적 기도의 중요성을 생각할 때, 몇 가지 요소들을 기억해야 한다.[4]

첫째, 우리의 공부는 교회 안에서 그리고 교회를 위해서 존재한다. 우리가 다른 신자들과 함께 공부할 때 우리 모두가 성장하고 용기를 얻게 된다. 성경신학적 기도는 그 자체가 목적이 아니다. 이 기도의 목적은 하나님의 말씀을 통해 그분을 더 알게 됨으로 그분을 영화롭게 하고 그분을 즐거워하는 것이다. 우리가 그분을 더 알수록 우리 안에 역사하시는 성령 하나님의 능력에 의해 하나님과 이웃들을 더 사랑하게 된다.

둘째, 우리는 성경을 연대기적으로 읽는 것을 배운다. 성경에는 성경의 이야기를 따르는 서사와 이에 관한 해설이 산재해 있다. 만약 당신이 구약 이야기에 흐르는 서사를 읽기 원한다면 창세기부터 사사기까지, 사무엘부터 열왕기까지 읽은 후 다니엘, 에스더, 에스라, 느헤미야, 역대기까지 읽으면 된다. 만약 당신이 이 서사에 대한 해석을 따라가고자 한다면 열왕기를 읽은 후에 다니엘을 읽기 전 예레미야, 에스겔, 이사야, 소선지서, 룻기, 시편, 욥기, 잠언, 전도서, 아가, 예레미야 애가를 읽으면 된다.[5]

만약 당신이 신약의 서사를 읽기 원한다면 복음서, 사도행전, 요한계시록을 읽으면 된다. 만약 이 서사에 대한 해석을 따라가고 싶다면 사도행전을 읽은 후 요한계시록 전에 바울서신과 일반서신을 읽으면 된다.

셋째, 우리가 성경신학적 기도에 참여할 때 우리는 성경의 장르와 성경의 저자가 의도한 의미에 대해서 민감해져야 한다. 우리는 문맥에서 벗어나서 본문을 그릇되게 해석하는 것을 주의하고, 저자가 우리에게 알려 주고자 하는 바를 이해하도록 노력해야 한다. 이것은 시는 시로, 지혜서는 지혜서대로 읽어야 함을 의미한다. 다니엘 7-10장과 요한계시록과 같은 묵시문학을 민수기의 서사처럼 읽지 않는다.

넷째, 성경 안에 담긴 기도의 주제를 공부하면 가장 중요한 이야기가 우리 마음속에 깊이 새겨진다. 이는 우리의 삶에 일어나는 모든 일을 해석하는 성경적 세계관을 갖도록 도와준다. 이 세상은 우리의 아버지께서 창조하신 그분의 세상이다. 다시 말해, 우리는 창조 세계의 선함을 확신할 수 있다. 또 다른 의미에서 악, 고통, 죄는 타락의 결과다. 그러나 이 타락한 세상 가운데 희망이 있다. 구원자 예수 그리스도께서 오셨고, 그분의 왕국을 시작하셨으며, 완성하시기 위해 다시 오실 것이다.

마지막으로, 성경신학을 공부하는 것은 예수 그리스도를 높인다. 이는 그리스도 중심적이며 그분이 이야기의 주인공임을 의미한다.

"하나님의 약속은 얼마든지 그리스도 안에서 예가 되니 그런즉 그로 말미암아 우리가 아멘 하여 하나님께 영광을 돌리게 되느니라"(고후 1:20).

좋은 이야기를 원하는가? 성경보다 더 좋은 것은 없다. 기도라는 주제를 공부하는 것을 멈추지 말라. 이제 우리는 이 주제가 어떻게 성경 전체에 점진적으로 계시되고, 그리스도를 중심으로 전체 이야기와 어떻게 유기적으로 연결되는지 살펴보기 위해 구속사를 추적해 갈 것이다. 그럴 때 하나님의 은혜로 말씀의 위엄이 당신을 감동시키고 깨끗하게 하실 것이다.

성경 모든 부분의 일치는 당신을 평안하게 할 것이며 전체를 보는 시야는 당신을 강하게 할 것이고, 그 빛과 능력이 당신의 죄와 구세주의 필요성을 확신시켜 줄 것이다(WLC 4).

1.

부르시는 하나님

– 창조부터 타락까지

남편과 연애할 때 가장 좋았던 점은 그가 관계를 시작한 방식이었다. 그는 대화할 때 자신의 목적과 의도를 분명히 전달했다. 따라서 나는 남편이 나를 좋아하는지, 나와 교제하기를 원하는지, 심지어 나와 결혼하고 싶은지 헷갈릴 필요가 없었다. 남편은 늘 자기 생각을 말해 주었는데, 하루는 결혼이 우리에게 맞는지 알아보려다 관계를 망칠까 두렵다고 말했다. 그리고 때가 되자, 그는 "나와 결혼해 줄래?"라고 말해 주었고, 결혼식 날 내게 헌신의 서약을 했다.

우리는 다른 이들과 관계를 맺을 때 상대방이 먼저 호감을 보여 주거나 감사를 표현해 주기 원한다. 나는 어느 날 성경 공부 시리즈를 기획하던 편집자이자 저자에게 메일을 받았다. 내가 이전에 쓴 성경 공부 책을 검토하고 자기와 함께 일하자고 제안한 것이다. 그녀는 나에게 예수 그리스도를 전하는 동역자가 되어 달라고 초청했다. 이 제안은 내게 매우 의미가 깊었다.

다른 사람들과 관계를 어떻게 시작했는지 저마다의 이야기가 있을 것이다. 먼저 여호와 하나님께서 우리를 자녀로 부르셨을 때, 하나님이 우리와 시작하신 관계를 떠올려 보길 바란다. 처음으로 한 기도가 생각나는가? 아마도 "주님, 도와주세요, 저는 은혜가 필요한 죄인입니다. 주님께서 제 삶의 주인이시자 구원자가 되어 주시길 원합니다."처럼 단순한 기도였을 것이다.

그 기도 제목이 무엇이었든, 우리는 하나님과 이야기를 한 것이다! 우리 스스로 그렇게 한 것이 아니다. 모든 것은 하나님의 은혜로만 가능하다. 다시 말해, 우리가 하나님을 부를 수 있도록 그분이 먼저 우리를 부르셨다.

내가 아이들에게 읽어 주는 책 중에 『하나님과 대화할 때』(That's When I Talk with God)라는 책이 있다. 이 책은 아이들에게 온종일 모든 것에 관해 하나님과 대화할 수 있다고 가르쳐 준다. 성경은 하나님께서 먼저 우리에게 말씀하셨기 때문에 이 모든 일이 가능하다고 말한다. 하나님은 우리가 기도하도록 부르신다. 이 얼마나 멋진 일인가! 우리는 기도할 이유를 더 이상 찾을 필요가 없다. 창조주께서 피조물을 부르신다. 그분이 우리와 관계 맺기를 원하신다.

이야기의 시작

세상에서 가장 위대한 이야기인 성경에는 우리에게 매우 친숙한 말씀이 있다. "태초에 하나님이 천지를 창조하시니라"(창 1:1). 창세기 1장에는 2장의 시작과 마찬가지로 하나님께서 하늘과 땅을 창조하셨다는 영광스러운 설명이 있다. 이 부분이 아주 중요하기 때문에 하나님은 창세기 2장에서 더 상세하게 말씀해 주신다. 그래서 창조에 관한 이야기가 막을 내리고 있다고 생각할 때쯤, 우리는 다시 남자와 여자를 창조하신 이야기를 읽게 된다(창 1:7-27).

우리는 이미 창세기 1장을 통해 삼위일체 하나님께서 "자기 형상 곧 하나님의 형상대로 사람을 창조하"셨다는(창 1:27) 사실을 배웠다. 또한 "남자와 여자를 창조하시고"(창 1:27) 그들에게 복과 임무를 주셨다는 사실도 배웠다(창 1:28). 그런데 창세기 2장에서 인류가 어떻게 창조되었는지 더 세부적인 내용을 보게 된다. "여호와 하나님이 땅의 흙으로 사람을 지으시고 생기를 그 코에 불어넣으시니 사람이 생령이 되니라"(창 2:7).

그리고 하나님은 그분이 세우신 동산에 그 사람을 두셨다. 에덴동산은 여호와 하나님께서 땅에서 나게 하신 많은 나무로 가득했다. 그 나무들은 보기에 좋았으며 맛있는 열매를 맺었다. 동산 중앙에는 두 그루의 나무가 있었는데, 하나는 생명나무였고 다른 하나는 선악을 알게 하는 나무였다. 아담이 동산을 거닐 때 그것은 보기에만 좋은 것이 아니라 듣기에도 좋았을 것이다. 에덴에서 흘러나온 강이 네 개로 나뉘며 땅에 물을 공급했다.

하나님의 의도는 아담이 이 동산을 가꾸고 지키는 것이었다. 일은 사람을 허기지게 하므로 하나님은 아담에게 좋은 음식을 제공해 주셨다. 그 사람은 동산의 모든 나무로부터 열매를 먹을 수 있었다. 단 한 가지를 제외하고 말이다. "선악을 알게 하는 나무의 열매는 먹지 말라 네가 먹는 날에는 반드시 죽으리라 하시니라"(창 2:17). 그것이 아니라도 음식은 충분했다. 먹을 수 있는 맛있는 과일들이 풍성했기 때문에 금지된 나무의 열매를 먹어야 할 이유가 전혀 없었다. 더욱이 금지된 나무의 열매를 먹은 결과는 치명적이었다.

자발적인 관계

여호와 하나님께서 동산에 있던 아담에게 오셔서 말씀하시다니 얼마나 다정하신가? 창조주 하나님은 사람을 만드시고 스스로 자신을 지키도록 홀로 두지 않으셨다. 대신 자발적인 언약의 방식을 통해 인류와의 소통을 시작하셨다. 하나님은 그분의 피조물에게 말씀하기를 원하셨다. 더 놀라운 사실은, 하나님께서 피조물이 그분께 말하기를 갈망하셨다는 것이다.

하나님께서 아담과 맺으신 첫 번째 언약은 행위언약이었다. 그분은 아담에게 선악을 알게 하는 나무의 열매를 먹지 말라고 명령하셨다. 만약 아담이 순종한다면 그는 생명을 얻지만, 불순종한다면 하나님의 말씀대로 반드시 죽을 것이다. 아담은 인류의 대표라는 특별한 위치에 있었고, 그의 선택은 모든 인류에 영향을 끼쳤다. 이는 매우 간단해 보이는 명령이었다. 아담은 최고의 음식과 평화로운 소리로 가득한 기쁨의 장소에 살았다. 그가 하는 일은 훌륭했고 창조주와의 관계도 완벽했다.

하지만 좋지 않은 것도 있었다. 하나님은 아담이 혼자 있는 것을 좋아하지 않으셨다. 그가 이름을 붙여 준 어떤 동물도 아담처럼 걷거나 말하지 못했다. 아담은 동물들의 이름을 하나하나 지어 주면서 그들 가운데는 자신이 간절히 찾는 동반자가 없음을 깨달았다. 그러나 하나님은 가장 알맞은 때에 아담에게 하와를 주셨다.

하나님께서 아담을 깊이 잠들게 하신 후 그의 갈비뼈로 하와를 만들어 그에게 데려가셨을 때, 그는 그녀가 자신과 같음을 알았고 이렇게 선언했다. "이는 내 뼈 중의 뼈요 살 중의 살이라…"(창 2:23). 그리고 둘은 그 땅을 함께 거닌 가장 행복한 부부가 되었다. 두 사람과 창조주와의 연합 그리고 서로의 연합은 완전히 복된 것이었다. 그 영광스러운 동산에서 여호와 하나님은 그들에게 말씀하셨고, 그들은 그분께 대답했다.

깨어진 관계

하지만 어느 날 끔찍한 일이 일어났다. 하나님이 아닌 누군가가 아담과 하와에게 말을 걸었다. 하나님께 반역하여 그분의 대적이 된 사탄은 간교한 말로 하와에게 다가갔다. 그리고 하와가(그리고 그녀와 함께했던 아담이) 하나님의 신실하심과 선하심에 의문을 품도록 이렇게 질문했다. "…하나님이 참으로 너희에게 동산 모든 나무의 열매를 먹지 말라 하시더냐"(창 3:1).

사탄은 그들이 금지된 것을 먹도록 유혹했다. "뱀이 여자에게 이르되 너희가 결코 죽지 아니하리라 너희가 그것을 먹는 날에는 너희 눈이 밝아져 하나님과 같이 되어 선악을 알 줄 하나님이 아심이니라"(창 3:4-5). 하와는 하나님께 나아가 여쭤 보는 대신, 돌아서서 뱀에게 말했다. 이 결정의 대가는 치명적이었다. 아담과 하와는 범죄했고, 모든 인류가 그들과 같이 되었다.

그들의 눈이 가장 먼저 죄의 영향을 받았다. "이에 그들의 눈이 밝아져 자기들이 벗은 줄을 알고 무화과나무 잎을 엮어 치마로 삼았더라"(창 3:7). 그들의 귀도 죄악의 영향을 받았다. 이 얼마나 끔찍한 일인가! 그날 아담과 하와는 바람이 불 때 동산에 거니시며 그들을 부르시는 하나님의 소리를 들었다. 이전까지 그들이 사랑하고 기대했던 그 소리는 이제 두려움의 대상이었다.

아담과 하와는 하나님의 음성을 기다리는 대신 그분으로부터 숨어 버렸다. 그들이 사탄의 음성에 귀를 기울였기 때문이다. "그들이 그 날 바람이 불 때 동산에 거니시는 여호와 하나님의 소리를 듣고 아담과 그의 아내가 여호와 하나님의 낯을 피하여 동산 나무 사이에 숨은지라"(창 3:8).

법정이 된 동산

하나님은 아무런 말 없이 그 순간에 아담과 하와를 죽이실 수도 있었다. 하지만 주님은 그 대신 아담과 하와를 부르셨다. 그들은 절대 먼저 그분을 부르지 않았을 것이다. 아담과 하와는 죄 가운데 영적으로 죽은 상태였고, 하나님의 임재로부터 숨기 바빴다. 만약 창조주께서 그분의 피조물과 다시 대화하기 원하신다면, 그분께서 먼저 시작하셔야 했다. 놀랍게도, 하나님은 그렇게 하셨다.

여호와 하나님의 음성은 자녀를 무릎에 앉히고 이야기를 들려주는 아버지의 다정한 목소리는 아니었다. 그보다는 규칙을 지키지 않아 물건을 망가뜨린 자녀를 부르는 아버지의 엄한 목소리였다. "네가 어디 있느냐"(창 3:9)라는 말씀은 함께 대화하는 기쁨의 초대가 아니라, 재판장 앞에서 진실을 말하고 죄를 고백하라는 경고였다.

여호와 하나님은 행위언약을 맺은 아담에게 먼저 말씀하셨다. 아담은 그의 아내와 모든 인류의 머리였다. 그분은 계속 질문하시며 그들이 죄를 고백하도록 이끄셨다. "이르시되 누가 너의 벗었음을 네게 알렸느냐 내가 네게 먹지 말라 명한 그 나무 열매를 네가 먹었느냐 … 네가 어찌하여 이렇게 하였느냐…"(창 3:11, 13). 아담은 하와를 비난했다. "하나님이 주셔서 나와 함께 있게 하신 여자 그가 그 나무 열매를 내게 주므로 내가 먹었나이다"(창 3:12). 그리고 하와는 뱀을 비난했다. "…뱀이 나를 꾀므로 내가 먹었나이다"(창 3:13).

이는 확실히 회개의 모습은 아니었다. 그럼에도 그들은 자신이 하나님께 불순종했음을 인정했다. 여기에서 우리는 하나님의 은혜가 두 죄인의 마음에서 일하고 있음을 본다. 죄인들은 자신의 죄를 자연히 고백하지 않는다. 죄를 숨길 뿐이다. 하지만 여호와 하나님은 그분의 사람들을 부르시고, 은혜를 주셔서 그들이 자신의 죄를 보게 하시고, 미워하게 하시며 버리게 하신다.

하나님께 자신의 죄를 고백한 적이 있는가? 하나님께 자신의 주인이자 구원자가 되어 달라고 요청한 적이 있는가? 우리가 죄를 범했을 때 나아갈 수 있는 가장 안전한 곳은 구세주의 품이다. 그분은 우리가 더 이상 범죄하지 않도록 우리를 대신해 간청하신다. 주변에 죄에 사로잡힌 이들이 있는가? 디모데후서 2장 25-26절로 기도해 보라. 아버지, '그들에게 회개함을 주사 진리를 알게 하시고' 그들을 붙잡고 그의 뜻을 따르게 하려는 '마귀의 올무에서 벗어나게' 하소서.

동산에서의 복음

아담과 하와가 뱀을 향한 하나님의 "저주"(창 3:14)와 그들의 죄로 인해 마주한 결과를 듣는 것은 얼마나 끔찍한 일이었을까(창 3:16-19)? 그러나 매우 놀랍게도 하나님께서 뱀에게 하신 말씀을 들었을 때, 그들의 마음에는 소망이 채워졌다.

"내가 너로 여자와 원수가 되게 하고 네 후손도 여자의 후손과 원수가 되게 하리니 여자의 후손은 네 머리를 상하게 할 것이요 너는 그의 발꿈치를 상하게 할 것이니라 하시고"(창 3:15).

이는 성경에서 복음이 첫 번째로 선포된 순간이다. 행위언약은 결정적인 최후의 언약이 아니었다. 웨스트민스터 대요리문답 31번은 이렇게 말한다. "은혜언약은 두 번째 아담이신 그리스도와, 그리고 그리스도 안에서 그리스도의 씨로 선택된 모든 사람과 맺어졌다." 창세기 3장 15절은 구약에서 시행된 은혜언약에 따른 약속 중에 하나다(WLC 34). 구약에서 은혜언약은 예언, 희생, 할례, 유월절, 그리스도를 예표하는 모든 다른 형태와 규례들을 통해 시행되었다.

이는 당시 구속사 속에서, 죄 사함과 영생을 주실 약속된 메시아를 믿는 믿음으로 택함을 받은 자들을 세우기에 충분했다. 그리스도께서 오셨을 때, 이 은혜언약은 설교와 성례, 세례와 성찬을 통해 시행되었고 지금도 그러하다(WLC 35).

최종 결정

최종 결정권은 언제나 하나님께 있다. 하와는 뱀의 말을 듣지 말았어야 했고, 아담도 하와의 말을 듣지 말았어야 했다. 그들은 하나님의 말씀을 들었어야 했다. 하나님은 그들에게 말씀하지 않을 권리를 가지셨지만, 오히려 은혜의 말씀을 하셨다. 그분은 창조주와 피조물 사이의 교제가 계속될 수 있도록 보장하셨다. 하나님은 자기 백성이 그분께 이야기할 길을 여셨다.

그렇다. 하나님은 그들을 동산 밖으로 추방하셨다. 이것은 불편함과 불화, 어려움과 죽음을 향한 길이었다. 그러나 하나님은 여전히 자기 백성에게 말씀하신다. 여자의 후손은 뱀의 머리를 상하게 할 것이다. 죄 없으신 분은 죄인들을 동정하시며 그들을 구원하실 것이고, 고난받으신 이는 자비와 때를 따라 돕는 은혜를 베푸실 것이다 (히 4:14-16). 여호와 하나님은 그분의 백성을 부르시는 일을 멈추지 않으실 것이다. 그리고 여호와의 백성들은 그분의 이름을 부른다는 의미가 무엇인지 배울 것이다.

언제 마지막으로 우리를 소중하게 생각하는 사람과 관계를 맺었는가? 그 순간이 우리에게 아무리 중요하더라도, 창조주께서 우리를 부르셔서 친히 관계를 맺으시고 우리와 대화하기를 원하신다는 사실과 비교한다면 아무것도 아니다. 주님은 그분의 사랑을 우리가 의심하게 내버려두지 않으신다. 우리는 그분이 우리를 사랑하신다는 사실을 알고 있다. 하나님은 자기 백성과의 관계를 시작하셨으며 그분의 아들 예수 그리스도의 피로 그것을 보호하신다.

하나님과 대화함으로 그분께 응답하지 않겠는가? 하나님의 성품을 경외한다고 그분께 말해 보라. 우리가 배우자에게 했던 불친절한 말들, 시험을 볼 때 했던 부정행위, 자녀에게 보여 준 추악한 모습들, 마음속에 가득한 시기심, 내면에 끓어오르는 분노, 스크린이나 이웃을 바라보며 품은 음탕한 마음, 하나님이 아닌 다른 대상을 향했던 우상숭배도 그분께 말해 보라.

하나님께서 우리에게 주신 사람들과 우리가 섬기도록 허락하신 이들과 우리에게 주신 것들에 감사하라. 우리의 필요와 우리가 사랑하는 이들, 친구들, 이웃의 필요에 대해 구하라. 탕자를 구원하시기를, 암에 걸린 이들을 치료하시기를, 깨어진 관계를 회복하시기를, 알코올 의존증에 걸린 친구를 구원하시기를, 선교사들이 분명하게 복음을 선포할 힘을 주시기를 간구해 보라.

자신의 죄와 수치를 숨기지 말라. 하나님께서 당신을 보지 못하신다고 생각하지 말라. 그분은 당신의 이름을 부르신다. 주님께 달려가 대화를 나누라. 그분은 부르시며 돌보시는 여호와이시다.

더 깊은 묵상과 기도를 위한 질문

1. 누군가가 애정이나 고마움을 표현하면서 교제를 시작했던 때를 떠올려 보라. 어떤 기분이었는가? 또한 여호와께서 당신과 관계를 맺고 기도하게 하셨을 때 기분은 어땠는가?

2. 누군가가 "왜 기도해야 하나요?"라고 묻는다면 어떻게 대답하겠는가?

3. 성경 이야기의 시작 부분을 배우면서, 새롭게 다가오거나 잊었다가 되새기게 된 것은 무엇이 있는가?

4. 하나님은 자발적으로 자기 백성과 관계를 시작하셨다. 왜 이 사실이 우리가 기도할 수 있는 동기가 되는가? 이 사실을 평상시 기도에 어떻게 적용할 수 있는가?

5. 죄는 하나님과 인류 사이를 어떻게 갈라놓았는가? 갈라진 것을 다시 잇기 위해 하나님은 무엇을 하셨는가?

6. 동산에서 들려진 좋은 소식(창 3:15)은 왜 우리에게 위로가 되는가? 이 말씀을 통해 어떻게 친구와 복음에 대해 나눌 수 있는가?

7. 우리의 불편함, 불화, 어려움에도 불구하고 하나님께서 우리와 함께하시며 대화할 준비가 되셨다는 사실은 우리에게 어떤 영향을 주는가?

8. 하나님은 그분의 말씀, 즉 성경을 통해 말씀하시기에 우리의 기도 또한 성경에 근거해야 한다는 사실은 왜 중요한가?

9. 이 장에서 배운 내용을 토대로 하나님을 향한 기도문을 작성해 보라.

10. 36쪽을 참고하여 디모데후서 2장 25-26절을 자신의 기도에 활용해 보라.

2. 기도받기에 합당하신 하나님
- 타락부터 홍수까지

나는 하나님의 은혜로, 그리스도인으로 살아가며 일상에서 기도 생활을 일관되게 유지할 수 있었다. 어떤 방법론을 의지하기보다 여러 해를 거듭하며 발전시켜 왔다. 예를 들어, 나는 매일 아침 기도할 때 사용하는 주제별 색인 카드가 있다. 성경이 기도를 가르쳐 준다는 사실을 기억하며, 몇몇 카드에 성경을 읽으며 알게 된 기도, 기도할 때 사용하면 좋은 교리문답에 대한 답을 적어 놓았다.

어떤 카드에는 박해받는 나라들, 정치 지도자들, 국제 컴패션을 통해 후원하는 아이의 이름이 적혀 있고, 어떤 카드에는 선교사님들과 개척교회들의 이름이 적혀 있다. 또 다른 카드에는 목회자를 비롯한 직분자들과 성경 교육에 참여하는 단체와 사람들의 이름이 있다. 또한 지인들과 이웃들의 이름을 그들의 필요와 함께 적어 놓았다. 다른 카드에는 친척들의 이름이 있고, 남편과 아이들을 위해 구분해 놓은 카드도 있다.

밤에는 기도 일기를 사용한다. 여기에는 기도를 요청한 사람들의 이름이나 만남을 통해 알게 된 기도 제목들을 적어 놓는다. 또 성경 공부 그룹에 있는 여성들의 기도 제목도 있다. 그리고 내 마음속에 오랫동안 품고 있는 기도 제목들이 있다.

나는 이렇게 기도 생활을 발전시켰다. 내가 시간을 내어 기도하는 이유는, 하나님의 은혜로 기도받으시기에 합당한 분께 말씀드리고 있음을 믿기 때문이다. 신자에게 있어 위대한 특권 중 하나는 하나님께 아뢸 수 있다는 것이다. 사랑하는 하나님과 구세주께서 십자가 죽으심을 통해 하나님께로 나아갈 길을 열어 주셨기에 우리는 기도할 수 있다. 모든 그리스도인이 이 사실을 깊이 깨닫기를 바란다.

하나님을 향한 우리의 기도는 성경을 통해 우리에게 하시는 말씀에 대한 반응이어야 한다. 성경의 이야기는 우리에게 기도를 가르쳐 준다. 성경은 우리를 진리로 인도해 여호와께 영광을 돌리는 방식으로 기도하게 한다. 1장에서 우리는 창조와 타락의 이야기를 보았고, 여호와 하나님께서 그분의 백성들을 부르신다는 사실을 배웠다. 그분이 먼저 우리에게 말씀하셨다. 이번 장에서는 노아와 홍수의 이야기를 통해 여호와께서 기도받으시기에 합당한 분임을 배울 것이다.

우리는 누구에게로 돌아갈까?

하와는 가인과 아벨을 해산하는 고통을 견디며 자기 죄의 결과를 경험했다. 그러나 자녀를 잃은 고통에 비하면 출산의 고통은 아무것도 아니었다. 심지어 자기 자녀의 손에 다른 자녀를 잃었다. 죄가 그의 부모에게 그랬듯이 가인의 마음 문을 두드렸고, 가인은 하나님께 귀 기울이지 않고 거짓의 아비의 말을 들었다. 그는 분노와 시기심으로 동생 아벨을 죽였다.

하나님은 이전에 아담과 하와에게 하셨듯이, 가인에게 "네 아우 아벨이 어디 있느냐"(창 4:9)라고 질문하셨다. 이는 곧 가인이 자백하고 회개할 기회였다. 하지만 가인은 회개하지 않고 자기 죄에 대해 책임지기를 거부하며 이렇게 대답했다. "…내가 알지 못하나이다 내가 내 아우를 지키는 자니이까"(창 4:9). 가인이 여호와께 회개하며 부르짖기를 거부했기 때문에, 그 동생의 피가 하나님의 심판을 바라며 호소했다(창 4:10-11).

가인과 아벨의 이야기는 히브리서에서 다시 언급된다. 예수 그리스도의 놀라운 사역으로 인해, 신자들은 "시온 산과 살아 계신 하나님의 도성인 하늘의 예루살렘과 … 만민의 심판자이신 하나님과 … 새 언약의 중보자이신 예수와 및 **아벨의 피보다 더 나은 것을 말하는 뿌린 피**"(히 12:22-24, 강조는 저자 추가)에 이르게 되었다. 아벨의 피는 의를 외치고, 예수님의 피는 은혜와 자비를 외친다.

하나님은 그의 아들을 "그의 피로써 믿음으로 말미암는 화목제물로 세우셨으니 이는 하나님께서 길이 참으시는 중에 전에 지은 죄를 간과하심으로 자기의 의로우심을 나타내려 하심이니 곧 이 때에 자기의 의로우심을 나타내사 자기도 의로우시며 또한 예수 믿는 자를 의롭다 하려 하"셨다(롬 3:25-26).

가인처럼 되어서는 안 된다. 자기 죄에 대해 회개하고 책임지기를 거부하지 말라. 여호와 하나님의 이름을 부르라. 하나님의 귀는 믿음 안에서 그분을 부르는 자들을 향해 활짝 열려 있다. 그분은 들으시고 용서하실 준비가 되어 있다. 죄에 대한 해결책은 가인을 통해서는 찾을 수 없었다. 가인은 여호와의 임재로부터 떠나야만 했고, 자신의 제물로 여호와께 기쁨이 되었던 아벨은 죽었다.

그렇다면 여자를 통해 와서 뱀의 머리를 상하게 할 약속된 후손은 누구일까? 이윽고 하나님은 하와에게 다른 아들인 셋을 주셨다. 셋은 에노스를 낳았고, "그 때에 사람들이 비로소 여호와의 이름을 불렀"다(창 4:26). 하나님의 약속은 버려지지 않았다. 그분은 참으로 여자의 후손을 세우셔서 뱀의 머리를 상하게 하실 것이었다.

하나님의 이름

여호와 하나님께서 스스로를 자기 백성에게 계시하시고, 그분의 이름을 부를 수 있게 하신 것은 놀라운 일이다. 아담은 행위언약을 지키지 못했다. 행위언약의 규정인 온전한 순종은 은혜언약 속에서 두 번째 아담으로 인해 성취되었다. 은혜언약은 보다 근본적인 구속언약 위에 놓여 있다. 구속언약은 하나님의 세 위격 사이에서 창조

전에 세워졌다. 성부께서 구속의 계획을 세우시고, 성자께서 그것을 성취하시며, 성령께서 하나님의 자녀들 각 사람에게 구속의 혜택을 적용해 주신다.

삼위일체 하나님은 이름으로 알려지기를 원하셨다. 그래서 그분은 언약이라는 방식으로 자신을 낮춰 자기 백성에게 나타나셨다. 언약을 지키시는 하나님은 자기 백성에게 자신을 계시하셨다. 셋은 부모를 통해 하나님께서 만물의 창조자라는 사실을 배웠을 것이다. 그는 에덴에서 나눈 대화들에 대해서도 들었을 것이다.

아담과 하와는 하나님에 대해 얼마나 많은 것을 배웠겠는가! 그들은 지식과 의와 거룩에 있어서 완전했다. 또한 그들은 범죄했을 때 하나님의 이름을 잊지 않았다. 그들은 창조주 하나님께서 또한 언약의 하나님이심을 대대로 전했다.

아담과 하와는 또한 하나님께서 심판자이심을 배웠다. 그들은 뱀을 향한 저주와 그들의 죄의 결과에 대한 심판자의 선포를 들었고, 하나님의 거룩하심을 알았다. 하나님은 죄인과 함께하실 수 없었기에 아담과 하와를 동산 밖으로 내보내셨다. 그들은 또한 그분이 은혜의 하나님이심을 알았다. 그분은 아담과 하와를 단번에 죽이지 않으셨다. 하나님은 사탄의 머리를 짓밟을 자손들 중의 자손(a Seed of seeds)을 일으키겠다고 약속하셨다.

하나님의 은혜로 그분의 백성은 하나님의 이름이 기도하기에 합당하다는 사실을 배웠다. 당신은 하나님을 불러 본 적이 있는가? 주

일에 선포되는 하나님의 말씀을 들을 때, 우리 주변에서 그분의 역사를 목격했을 때, 성경을 공부할 때, 하나님의 이름이 기도하기에 합당하다는 사실을 배운 적 있는가?

마음에 분노와 질투가 가득할 때, 친구나 배우자 혹은 그리스도 안에서의 형제자매에게 말로서 죄를 짓고 싶은 유혹이 생길 때(마 5:21-22) 여호와의 이름을 부르라고 배운 적이 있는가? 때때로 긴급하고 은밀히 간구했을 것이다. **주님, 도와주세요! 저는 제가 하지 말아야 할 말을 하고, 하지 말아야 할 일을 합니다. 저는 저를 멈출 수 없습니다. 주님의 힘이 필요합니다!**

나는 당신이 그분의 이름을 부를 수 있도록 허락하신 여호와 하나님께 기도하는 시간을 더 많이 가지길 소망한다. 하나님은 기도받기에 합당하시다. 우리는 하나님의 성품에 경외심을 가지고, 스스로 겸비하고, 그분의 선물에 감사하며, 자신뿐만 아니라 다른 이들도 함께 경건에 이르러 성장하기를 기도해야 한다. 그리고 그때 우리는 그분의 이름을 더욱 자주 불러야 한다.

은혜를 입은 한 사람

기도 생활에 대해 가르쳐 주는 구속사의 또 다른 중요한 사건은 하나님이 노아와 맺으신 언약이다. 그 언약은 창세기 3장 15절에서 세워진 중요한 은혜언약과 동떨어져 있지 않다. 오히려 은혜언약이 담고 있는 내용들이 한층 더 펼쳐진다.

노아는 아담과 셋의 후손이었는데, 그의 이야기는 창세기 6-9장에 나온다. 노아에 해당하는 히브리어 단어의 뜻은 '안위함'이다. 노아의 아버지는 그의 아들이 하나님의 저주의 결과인 고된 노동과 고통스러운 수고로부터 인류에게 휴식과 위로를 가져다주리라 믿으며 그에게 그 이름을 주었다(창 5:29). 아마도 노아의 아버지는 아들의 이름을 듣거나 부를 때, 노아를 통해서 오리라 믿었던 안식을 간절히 기다렸을 것이다.

노아가 살았던 당시, 하나님은 그분이 만든 피조물의 마음이 얼마나 악한지 보시고 슬퍼하셨다. 그래서 모든 인간과 동물들, 기는 것들과 새들을 홍수로 쓸어버리기로 하셨다.

"땅 위에 사람 지으셨음을 한탄하사 마음에 근심하시고 이르시되 내가 창조한 사람을 내가 지면에서 쓸어버리되 사람으로부터 가축과 기는 것과 공중의 새까지 그리하리니 이는 내가 그것들을 지었음을 한탄함이니라 하시니라"(창 6:6-7).

이는 아담과 하와가 죄를 범했을 때 예상되었던 일이다. 결국 그 때가 다가왔다. 죄로 인한 죽음이라는 심판이 인류에게 내려졌다.

그러나 놀랍게도, 여호와는 남은 자를 보존하셨다. 그분은 노아를 심판하지 않으셨다. "그러나 노아는 여호와께 은혜를 입었더라"(창 6:8). 하나님께서 노아를 구원하신 것은 그에게 죄가 없기 때문이 아니다. 이후에 노아가 술에 취한 탓에 벌어진 심각한 결과를 보면 이를 분명히 알 수 있다(창 9:20-25). 하나님께서 노아를 구하신 건 그분이 은혜로우시기 때문이다.

하나님은 노아를 통해 죄 없으신 한 분을 가리키신다. 하나님은 또한 노아의 아내와 그의 아들들과 며느리들, 정하고 부정한 동물과 새들의 암수를 보전하셨다. 여호와는 홍수로 땅을 심판하셨지만, 방주를 통해 남은 자를 구원하셨다. 여호와는 노아와 그의 가족을 보존할 방주를 어떻게 만들지 정확하게 말씀하셨고 노아는 순종했다.

"노아가 그와 같이 하여 하나님이 자기에게 명하신 대로 다 준행하였더라"(창 6:22).

홍수 속에서 길고 어두운 낮과 밤들을 지나는 동안 여호와 하나님은 방주 안에 있는 노아와 그의 가족들과 동물들을 보존하셨다. 하나님께서 노아에게 방주 밖으로 나오라고 말씀하시자, 노아는 자신의 생명을 보존하신 분께 예배를 드렸다. 노아는 제단을 쌓고 방주에서 그와 함께했던 동물 중 몇을 잡아 하나님께 번제로 드렸다.

그때 하나님은 노아와 그의 미래의 후손들과 언약을 맺으셨다. 그분은 땅이 있을 동안에는 심음과 거둠과 추위와 더위와 여름과 겨울과 낮과 밤이 쉬지 않으리라고 약속하셨다(창 8:22). 또한 노아와 언약을 맺으시며 의인들은 구원할지라도 악인들은 심판하실 것이라고 약속하셨다(창 9:1-27). 이 언약을 통해 우리는 우리가 기도하는 하나님에 대해 여러 가지 중요한 사실을 배운다.

그분은 창조자이시다

우리가 기도할 때, 우리는 하늘과 땅의 창조주께 기도하는 것이다. 하나님은 땅을 만드셨을 뿐만 아니라, 다시는 땅을 저주하지 않고 모든 생물을 멸하지 않겠다고 약속하실 수 있는 권위를 가지고 계신다(창 8:21). 우리가 자신의 정체성과 싸우고 있을 때, 자신의 겉모습에 대한 거짓말들을 믿고 있을 때, 또는 지진이나 토네이도 같은 자연재해가 창조주보다 강력하다고 생각될 때, 노아의 하나님께서 우리의 하나님이시며 하늘과 땅의 창조주라는 사실을 기억하라.

바울은 골로새 성도들에게 우리를 구속하시고 우리 죄를 용서하신 하나님의 아들에 대해 말하면서, 하나님께서 그리스도를 통해 그리고 그리스도를 위해 만물을 창조하셨다고 가르친다.

"아버지께서는 모든 충만으로 예수 안에 거하게 하시고 그의 십자가의 피로 화평을 이루사 만물 곧 땅에 있는 것들이나 하늘에 있는 것들이 그로 말미암아 자기와 화목하게 되기를 기뻐하심이라"(골

1:19-20). 우리가 창조주 하나님께 기도할 때, 우리는 삼위일체 하나님께 말씀드리는 것이다. 우리는 성령님의 능력으로 그리스도를 통해 성부 하나님께 기도하는 특권을 가졌다.

그분은 보존자이시다

하나님께서 노아와 맺으신 언약은 또한 우리가 심음과 거둠과 추위와 더위와 여름과 겨울과 낮과 밤을 유지하시는 보존자(Sustainer)께 기도하는 것이라고 가르쳐 준다(창 8:22). 우리는 계절과 연(年)이라는 반복되는 변화의 맥락 속에서 하나님께 기도한다. 이것은 문자적으로도 비유적으로도 옳다. 우리는 봄부터 겨울까지 기도한다. 우리는 아침부터 저녁까지 기도한다. 우리는 또한 삶의 여러 계절들… 학생일 때, 청년일 때, 취직했을 때, 결혼했을 때, 부모가 되거나 늙고 병들었을 때도 기도한다.

바울은 아테네 사람들에게 이렇게 설명했다. "우주와 그 가운데 있는 만물을 지으신 하나님께서는 천지의 주재시니 손으로 지은 전에 계시지 아니하시고 또 무엇이 부족한 것처럼 사람의 손으로 섬김을 받으시는 것이 아니니 이는 만민에게 생명과 호흡과 만물을 친히 주시는 이심이라 인류의 모든 족속을 한 혈통으로 만드사 온 땅에 살게 하시고 그들의 연대를 정하시며 거주의 경계를 한정하셨으니"(행 17:24-26). 이 말씀은 하나님께서 창조주이시며 동시에 보존자이시라는 진리를 전한다.

하나님께서 자신을 보존하시는 데 우리가 필요하기 때문에 우리가 기도로 하나님께 나아가는 것이 아니다. 하나님께서 우리에게 무언가를 받으실 필요가 있어서 우리가 주님의 임재로 들어가는 것이 아니다. 우리의 결정이 우리 삶에 최선이라고 말하기 위해 그분 앞에 무릎 꿇는 것이 아니다.

그렇다, 창조주 하나님은 스스로 보존하신다. 그분은 우리가 필요하시지 않다. 하지만 우리는 그분이 절실하게 필요하다. 우리는 그분의 보존하시는 능력과 임재, 그리고 호흡과 생명이라는 그분의 선물이 필요하기에 기도로 그분께 나아간다. 우리는 우리에게 미리 정해진 시간과 삶의 경계들에 대한 그분의 신적인 조정이(divine orchestration) 필요하다. 그리고 놀랍게도, 주님은 값없이 주시는 은혜와 사랑으로 이 모두를 우리에게 내어 주신다.

그분은 공급자이시다

하나님께서 노아와 맺으신 언약으로 배우는 기도의 또 다른 측면은, 우리가 자기 백성을 먹이시는 공급자에게 기도한다는 사실이다(창 9:3). 노아와 그 가족은 이전까지 채소만 먹었다. 하지만 이제 그들은 동물들로부터 얻은 고기를 먹을 수 있게 되었다. 여호와는 그분의 자녀들에게 먹을 것을 선물로 주심으로써 큰 기쁨을 주셨다.

예수님은 산상수훈에서 제자들에게 먹을 것과 입을 것에 대해 염려하지 말라고 하셨다. 대신에 그들은 하늘 아버지께서 공중의 새를 어떻게 먹이시고 들의 백합화를 어떻게 입히시는지 살펴보고, 먼저 하나님의 나라를 구해야 했다(마 6:25-33). 또한 예수님은 제자들에게 먹을 것을 위해 기도하라고 가르치셨다(마 6:11).

우리가 일용할 양식을 위해 하나님께 간구하는 것은 선하고 옳은 일이다. 이로 인해 우리는 노아와 그 가족에게 먹을 것을 주신 하나님께서 오늘날 그분의 백성에게도 먹을 것을 공급하심을 확신할 수 있다. 다음 주에 먹을 식료품을 어디서 구해야 할지 걱정하고 있는가? 옷을 사야 하는데 예산이 빠듯한가? 이와 같은 걱정들을 멈추고, 우리의 필요를 공급하시는 공급자 여호와께 당장 기도하라.

그분은 우리의 안위이시다

하나님께서 노아와 맺으신 언약은 우리가 안위를 주시는 하나님께 기도하고 있음을 강조한다(창 9:11-17). 그 언약의 증거인 무지개는 어두운 먹구름에 맞서 밝게 빛난다. 노아와 그의 후손들은 무지개를 볼 때마다 언약의 하나님께서 하신 말씀을 되새기고, 자기 백성에게 안위를 주시는 분과 관계를 맺었다는 사실을 기억했을 것이다. 그리고 여호와 하나님은 무지개를 보실 때마다, 자신이 한 말을 기억하셨을 것이다.

"어두운 데에 빛이 비치라 말씀하"시고, "예수 그리스도의 얼굴에 있는 하나님의 영광을 아는 빛을 우리 마음에 비추"신 창조주 하나님은(고후 4:6) 우리가 토기 그릇임을 알고 계신다. 그분은 우리가 이 타락한 세상을 살아가는 동안에 안위와 위안이 필요함을 아신다. 그리고 그것들을 그리스도 안에서 우리에게 주신다. 우리의 연약함이 무엇이든 그것은 "심히 큰 능력은 하나님께 있고 우리에게 있지 아니함을"(고후 4:7) 보여 준다.

예수 그리스도를 믿는 하나님의 백성에게는 안위가 있다. 노아는 하나님의 백성에게 그의 아버지가 기대했던 안위를 주지 못했다. 그러나 더 크신 최후의 노아는 그렇게 하셨다. 노아의 아버지가 아들의 이름을 지어 줄 때, 그의 후손이 영원한 안위를 주리라고는 상상도 하지 못했을 것이다. 오직 예수님만 라멕의 말들을 성취하실 수 있다. "이름을 노아라 하여 이르되 여호와께서 땅을 저주하시므로 수고롭게 일하는 우리를 이 아들이 안위하리라 하였더라"(창 5:29).

바울은 다음과 같이 말한다.

"피조물이 고대하는 바는 하나님의 아들들이 나타나는 것이니 피조물이 허무한 데 굴복하는 것은 자기 뜻이 아니요 오직 굴복하게 하시는 이로 말미암음이라 그 바라는 것은 피조물도 썩어짐의 종 노릇한 데서 해방되어 하나님의 자녀들의 영광의 자유에 이르는 것이니라 피조물이 다 이제까지 함께 탄식하며 함께 고통을 겪고 있는 것을 우리가 아느니라 그뿐 아니라 또한 우리 곧 성령의 처음 익은 열매를 받은 우리까지도 속으로 탄식하여 양자 될 것 곧 우리 몸의 속량을 기다리느니라"(롬 8:19-23).

히브리서 저자는 이렇게 말한다.

"[그리스도를 통해] 이미 그의 안식에 들어간 자는 하나님이 자기의 일을 쉬심과 같이 그도 자기의 일을 쉬느니라"(히 4:10).

이 안위는 그리스도께서 다시 오시고, 우리가 무지개를 두른 하나님의 보좌와 어린양의 보좌를 둘러서서 하나님을 예배할 때 완성될 것이다(계 4:3; 22:3). 우리는 사랑하는 여호와 하나님과 구세주의 얼굴을 볼 것이다. 그리고 다시는 밤이 없고 주 하나님께서 비치시니 햇빛이 쓸데없게 될 것이다(계 22:4-5).

우리는 하나님과 대화하며 영원을 보낼 것이다. 그렇다면 그 대화를 지금 시작하고 싶지 않은가? 하나님께서 우리의 창조주, 보존자, 공급자, 안위이신 분이라니! 이른 아침 가장 먼저, 밤에 잠들기 전에 마지막으로, 그리고 그 사이에도 몇 번이고 하나님께 달려가고 싶지 않은가? 그분께 나아가 그분이 얼마나 위대하신지 고백하며, 우리를 지켜 주시고 우리의 필요를 채워 주시길 간구하고, 그리스도 안에서 안위를 주신 것에 감사하고 싶지 않은가?

나는 하나님의 은혜로 그분의 이름을 부르는 기도를 사랑한다. 그분이 먼저 내 이름을 부르셨기 때문이다. 하나님은 나를 그분의 자녀로 삼으시고 기도하는 특권을 주셨다. 우리는 언제 어디서나 여호와 하나님의 이름을 부를 수 있다. 우리는 눈을 뜨거나 감을 수 있다. 무릎을 꿇을 수도 있고 운동할 수도 있다. 운전을 하거나 설거지를 할 수 있다. 눕거나 설 수도 있다. 또한 우리는 어떤 문제든지 기도할 수 있다. 신자들에게 기도는 제안이 아니라 명령이다. "항상 기뻐하라 쉬지 말고 기도하라 범사에 감사하라 이것이 그리스도 예수 안에서 너희를 향하신 하나님의 뜻이니라"(살전 5:16-18).

더 깊은 묵상과 기도를 위한 질문

1. 자신의 기도 생활을 설명해 보라. 기도하는 방식에 추가할 만한 것들이 있는가? 이번 장 처음에 나온 '색인 카드'를 참고해서 기도 제목을 표시한 카드를 만들어 보라.

2. 가인은 자신의 죄를 회개하지 않았다. 당신이 외면하고 있는 죄는 무엇인가? 지금 당장 죄를 미워하고 버릴 수 있기를 구하며 자신의 죄를 회개하고 하나님 앞으로 달려가라.

3. 현재 당신이 처한 상황을 볼 때, 하나님의 약속이 버려지지 않는다는 사실이 어떻게 위로가 되는가?

4. 하나님께서 기도받으시기에 합당한 분이라는 사실을 주변 사람들에게 어떻게 전할 수 있는가? 당신의 기도 생활에는 이 사실이 어떻게 드러나는가?

5. 성경의 구속사의 중요한 사건들을 기억하는 것이 왜 도움이 되는가? 이 사건들의 맥락에서 기도에 관해 생각하는 것은 어떤 도움을 주는가?

6. 히브리서 저자는 다음과 같이 강하게 권면한다. "그러므로 우리는 예수로 말미암아 항상 찬송의 제사를 하나님께 드리자 이는 그 이름을 증언하는 입술의 열매니라"(히 13:15). 당신은 이것을 어떻게 행할 수 있는가? 지금 당장 기도로 하나님의 이름에 감사하는 시간을 가지라.

7. 하나님께서 만물의 창조주이시고, 보존자이시고, 공급자이시라는 진리가 당신의 기도에 어떤 영향을 주는가?

8. 노아와 언약을 맺으신 하나님에 대해 배운 내용을 당신의 삶 속에서 기도를 드릴 때 어떻게 반영할 수 있는가?

9. 이 장에서 배운 내용을 토대로 하나님을 향한 기도문을 작성해 보라.

10. 데살로니가전서 5장 16-18절을 암송해 보라.

3.

신실하신 하나님
– 홍수부터 족장까지

당신은 가장 힘든 순간에 누구에게 향하는가? 스트레스가 가득한 밤에, 홀로 외로움을 견뎌야 할 때, 결혼 생활에 어려움을 겪을 때, 부모로서 가슴 아픈 시간을 겪을 때, 직장 생활에서 혼란이 찾아올 때, 숨이 멎을 것 같은 고통을 당할 때… 당신은 누구에게 도움을 구하는가? 아마 당신은 친구나 이웃, 목회자 또는 가족 등 믿을 만한 사람에게 향할 것이다. 하지만 그들의 신실함은 하나님의 신실하심에 비할 수 없다. 인생의 힘겨운 순간 우리에게는 가장 신실하신 한 분이 필요하다. 우리는 제일 먼저 그분에게 도움을 구해야 한다.

2009년 1월은 나의 인생에서 가장 힘겨운 날이었다. 그때 나는 심각한 복통을 겪었다. 몇 시간 만에 서 있지도 못하고 몸을 웅크리고 바닥에 뒹굴었다. 구급차에 실려 가는 동안, 나는 "하나님, 도와주세요!"라고 외쳤다. 눈을 뜰 수도 없는 고통과 괴로움, 죽음에 대한 두려움 속에서 내가 할 수 있는 일은 소리치는 것뿐이었다. 더 설득력 있고 긴 기도는 필요하지 않았다. 신실하신 하나님께서 나의 기도를 들으셨기 때문이다.

당신은 기도 가운데 당신을 대화로 초청하시는 하나님께서 그분의 약속을 지키시는 신실하신 분임을 알고 있는가? 그분은 당신과 함께하시고 지키시며 공급하시고 평화를 주시는 신실하신 분임을 알고 있는가? 속절없는 괴로움과 극심한 고통 속에 있다면, 당신의 눈을 신실하신 하나님께 고정하라. 그리고 그분을 향해 외치라.

앞선 두 장에서, 창조부터 타락까지는 에덴에서 아담과 하와가 여호와 하나님과 맺은 관계를 살펴보면서 기도의 본질을 연구했고, 타락부터 홍수까지는 셋의 후손들이 하나님의 이름을 부르기 시작했음을 확인했다. 또한 우리는 하나님께서 노아와 맺으신 언약을 통해 우리가 기도하는 하나님에 관한 여러 가지 사실을 배웠다. 이제 우리는 아브라함부터 모세까지 확장되는 족장 시대로 향한다. 족장 서사를 통해서 우리는 그분의 백성을 부르시며 기도받기에 합당하신 하나님께서 신실하신 분임을 배우게 될 것이다.

아브라함과 맺으신 하나님의 언약

우리가 아브라함과 맺으신 하나님의 언약을 살펴볼 때, 언약에 관한 성경신학 연구처럼 자세하게 공부하기는 어렵다. 하지만 하나님께서 아브라함과 맺으신 언약이 성경에서 중요한 구속사적 표지임을 인정하는 것과 그것에 관한 몇 가지 중요한 점들을 주목하는 일은 필요하다. 은혜언약에서 가장 중요한 부분은 한 문장으로 요약할 수 있다. "나는 너희 중에 행하여 너희의 하나님이 되고 너희는 내 백성이 될 것이니라"(레 26:12).

첫째, 하나님은 그분의 임재를 아브라함에게 약속하셨다. "…너와 네 후손의 하나님이 되리라 … 나는 그들의 하나님이 되리라"(창 17:7-8). 둘째, 하나님은 아브라함에게 백성을 약속하셨다. 하나님은 그를 통해 민족을 이루게 하실 것이다(창 12:2; 17:4-6).

셋째, 하나님은 아브라함에게 소유를 약속하셨다. 그분은 자기 백성에게 가나안 땅을 주실 것이다(창 12:7; 13:14-17; 15:18-21; 17:8). 넷째, 하나님은 아브라함이 상상하는 것보다 더 큰 계획을 그에게 약속하셨다. 그의 씨를 통해 세워질 민족은 다른 이들을 여호와께 향하게 하여 땅의 모든 족속이 복을 얻게 할 것이었다(창 12:3).

우리는 아브라함과 맺으신 하나님의 언약, 후에 이삭과 야곱을 통해 갱신되는 이 언약을 되새기지 않고는 족장들의 기도를 이해할 수 없다. 왜냐하면 이것이 그들 기도의 토대이기 때문이다.[1]

나를 부요하게 하시는 여호와

창세기 12장에 기록된 하나님께서 아브라함에게 여러 가지 약속을 주시는 이야기와 15장에서 언약이 공식화되는 이야기 사이에 기록된 창세기 14장에는 매우 흥미로운 이야기가 있다. 아브라함은 전쟁에서 승리한 이후 막 돌아왔고, 소돔 왕과 살렘 왕 멜기세덱은 그를 만나기 위해서 왕의 골짜기로 나왔다(창 14:17-24).

소돔 왕은 아브라함에게 사람은 자신에게 보내고 물품은 가지라고 말했다. 하지만 아브라함은 소돔 왕의 제안을 거절했다. 그 덕분에 아브라함이 부유하게 되었다고 말하지 못하도록, 그가 소돔 왕으로부터 어떤 것도 취하지 않겠다고 주님께 맹세했기 때문이다(창 14:23). 아브라함은 여호와 하나님께서 그분의 약속을 신실하게 지키실 것을 믿고 있었다. 그는 다른 이들이 그의 부유함을 보고 하나님께서 그를 부유하게 하셨다고 말하기를 원했다.

살렘의 왕이자 제사장인 멜기세덱은 천지의 주재이시자 지극히 높은 하나님의 이름으로 아브라함을 축복하고 아브라함의 승리를 그분께 돌렸다(창 14:19-20). 이것이 아브라함에게 기쁨이 되었기에 아브라함은 얻은 것의 십분의 일을 멜기세덱에게 주었다.

이 두 왕과의 대화 속에서 아브라함은 천지의 주재이신 지극히 높은 하나님의 이름을 사용함과 동시에 여호와라는 고유한 이름을 사용했다. 그는 여호와께 손을 들고 맹세했다. 하늘이나 땅이나 언약의 하나님 여호와보다 더 위대한 이름은 없다. 기도받으시는 하나님께서 가장 높으시다. 그분은 천지의 주재이시다.

히브리서 저자는 예수님에 대해서 기록할 때 살렘의 왕이자 제사장에 대해 언급한다.

"그는 육체에 계실 때에 자기를 죽음에서 능히 구원하실 이에게 심한 통곡과 눈물로 간구와 소원을 올렸고 그의 경건하심으로 말미암아 들으심을 얻었느니라 그가 아들이시면서도 받으신 고난으로 순종함을 배워서 온전하게 되셨은즉 자기에게 순종하는 모든 자에게 영원한 구원의 근원이 되시고 하나님께 멜기세덱의 반차를 따른 대제사장이라 칭하심을 받으셨느니라"(히 5:7-10).

멜기세덱보다 더 위대하신 제사장인 예수님은 만물이 그분에게 복종해야 하는 구원의 주가 되심으로 우리를 부요하게 하셨다. 신자들은 모든 신령한 복을 받았다(엡 1:3). 그리스도 안에서 우리는 "그의 피로 말미암아 속량 곧 죄 사함을 받았"으며 성령님이 보증하시는 "기업"이 되었다(엡 1:7, 11, 13-14). 이런 부요함은 우리의 통장 잔고가 바닥났을 때, 우정이 흔들린 것처럼 보일 때, 필요는 멀리 있는 것처럼 보일 때… 이미 그리스도 예수 안에서 우리를 부요하게 하신 하나님께 기도로 감사할 수 있다는 사실을 상기시켜 준다.

하나님이 신실하신지 어떻게 아는가?

아브라함과 맺은 하나님의 언약에 대한 설명 직전에, 우리는 여호와와 아브라함의 인격적인 관계를 읽게 된다. 여호와께서 시작하셨고 아브라함은 반응했다. 여호와는 아브라함에게 두려워하지 말라고 말씀하셨다. 왜냐하면 여호와께서 그의 방패이시며 지극히 큰 상급이시기 때문이다.

아브라함은 이렇게 대답했다. "주 여호와여 무엇을 내게 주시려 하나이까 나는 자식이 없사오니 나의 상속자는 이 다메섹 사람 엘리에셀이니이다 … 주께서 내게 씨를 주지 아니하셨으니 내 집에서 길린 자가 내 상속자가 될 것이니이다 … 주 여호와여 내가 이 땅을 소유로 받을 것을 무엇으로 알리이까"(창 15:2-3, 8).

당신은 아브라함과 같은 입장이 되어 본 적이 있다. 그렇지 않은가? 당신은 성경의 모든 약속을 읽었고 계속해서 설교를 들었다. 그리고 이 주제에 관한 많은 책과 자료를 읽었다. 하지만 당신은 여전히 부르짖는다. **여호와 하나님! 나의 삶에서 하나님의 일을 하는 데 필요한 것을 주지 않으시는데, 어떻게 제가 하나님이 당신의 목적을 성취하실 것을 알 수 있습니까?**

당신이 대학원에서 어려운 수업을 듣는 동안 하나님께서 자신을 도와주실지 의문을 가질 수 있다. 그분이 당신의 독신 생활을 계속하게 하시는 이유가 궁금하기도 하고, 엉망이 된 일을 바로잡을 수 없다고 생각하기도 한다. 당신의 직업에 계속 종사할 수 있을지 불안하고, 당신의 결혼 생활이 유지되지 못할 것이라 두려워하기도 한다. 당신은 이렇게 부르짖는다. **여호와여, 주님이 저를 위해서 찾아오신다는 것을 어떻게 알 수 있겠습니까?**

아브라함이 진심으로 여호와께 부르짖는 사이, 여호와께서 말씀하셨다. 그분의 임재가 나타났고, 그분의 약속이 선언되었다. 아브라함의 기도는 응답받지 못한 것이 아니었다. 여호와 하나님은 들으셨다. 여호와 하나님은 아브라함을 이름으로 아셨고, 아브라함도 그분을 이름으로 알고 있었다.

여호와께서 당신에게도 동일하게 말씀하신다. 그분은 성경으로 당신에게 말씀하신다. 그분은 자신의 아들을 통해 당신에게 말씀하신다. 그분은 지금 이 순간 당신과 함께하신다. 그분의 약속은 당신을 위한 것이다. 도움을 외치는 당신의 기도는 결코 외면당하지 않을 것이다.

하나님께서 아브라함에게 그와 사라 사이에 아들이 있으리라고 말씀하셨을 때, 아브라함은 속으로 웃었다. 무엇보다 그는 100세였고, 사라는 90세였다! 아브라함은 사라의 여종 하갈이 낳은 아들 이스마엘을 상속자로 세우려고 했다(창 17:17-18). 다시 한번 성경은 아브라함과 하나님 사이에 인격적인 대화를 보여 준다. 하나님은 아브라함에게 아니라고 말씀하셨다. 아브라함의 생각은 자녀가 없는 이 부부를 통해서 세상에 이삭('웃음'이라는 의미)을 주시려는 하나님의 계획과 맞지 않았다.

성경은 이렇게 말한다. "하나님이 아브라함과 말씀을 마치시고 그를 떠나 올라가셨더라"(창 17:22). 놀라운 일이다! 하나님은 아브라함과 대화하시기 위해서 내려오셨다. 하나님께서 족장들과 맺으신 이러한 인격적인 관계가 보여 주는 사실은, 그분이 지극히 높으신 하나님이시며 그분의 계획과 목적을 이루시는 분이면서도, 그분의 백성과 따뜻하고 친밀한 관계를 맺기 원하신다는 것이다.

강력한 요구

아브라함은 여호와 하나님께 질문할 수 있었을 뿐만 아니라, 다른 이들을 위해 탄원할 수도 있었다. 소돔의 죄악에 대한 소식은 하늘까지 닿았다. 소돔 사람들은 심판받을 위기에 처해 있었다. 아브라함은 여호와 앞에 서서 그분의 의에 대해 질문했다. "주께서 이같이 하사 의인을 악인과 함께 죽이심은 부당하오며 의인과 악인을 같이 하심도 부당하니이다 세상을 심판하시는 이가 정의를 행하실 것이 아니니이까"(창 18:25).

아브라함은 하나님께서 의인을 악인과 함께 멸하시는 분이라 믿을 수 없었다. 비록 그 자신이 티끌이나 재와 같은 존재임을 알고 있었지만(창 18:27), 아브라함은 계속해서 하나님께 그곳에 있는 의인으로 말미암아 그 성을 멸하지 마시기를 강력하게 요청했다.

아브라함은 그곳에서 오십 명의 의인을 찾는다면 멸하지 말아 달라고 요청했고, 그 숫자는 열 명까지 떨어졌다. 여호와는 아브라함의 제안을 받아 주셨고 "여호와께서 아브라함과 말씀을 마치시고 가시니 아브라함도 자기 곳으로 돌아갔"다(창 18:33). 당신은 아마 여호와께서 소돔을 멸하셨다는 사실을 떠올렸을 것이다. 그러나 그분은 아브라함의 중보기도를 기억하시고 롯을 구원하셨다(창 19:29).

이러한 중보기도는 더 위대한 중보자를 기대하게 한다. 예수 그리스도께서 우리의 편에서 중보해 주시지 않는다면 우리는 소돔의 거주민들처럼 멸망당했을 것이다. 의인은 하나도 없으며 "모든 사람이 죄를 범하였으매 하나님의 영광에 이르지 못"했다(롬 3:23). 온 땅의 심판주는 우리의 죄로 인해 모든 인류를 당장이라도 파괴하실 수 있으시지만, 예수 그리스도는 스스로 하나님의 백성들을 향한 심판을 담당하셨다.

이제 그분은 우리의 위대한 대제사장으로서 우리를 위해 중보하신다. 그분은 다시 오실 때 산 자와 죽은 자를 심판하실 분이다. 구원을 받을 만한 다른 이름은 없다. 이제는 이렇게 기도할 때다. **여호와 하나님, 저는 은혜가 필요한 죄인임을 알고 있습니다. 저의 죄를 회개합니다. 저는 구세주인 주님이 필요합니다. 그리고 당신을 저의 주인으로서 따르길 원합니다. 예수님의 이름으로 기도합니다. 아멘.** 만약 당신이 이미 신자라면, 심판으로부터 구원해 달라고 여호와께 중보기도를 드려야 할 이들은 누구인가?

소돔의 의인을 위한 아브라함의 중보 이야기는 또 다른 구속사의 중요한 포인트를 나타낸다. 여호와 하나님과 아브라함 사이의 교제를 읽는 것만큼이나, 여호와께서 항상 아브라함과 함께하시지는 않으셨다는 사실은 놀랍다. 여호와는 그분의 길로 가시고 아브라함도 자기 곳으로 돌아갔다(창 18:33). 여호와 하나님과 족장들의 이런 산발적인 대화는 하나님과의 영구적인 교제, 방해받지 않는 교제를 더욱 갈망하도록 한다.

만약 아브라함이 언제 어디서나 하나님과 대화할 수 있었다면 어땠을까? 그게 가능한 것일까? 이런 간극은 후에 성막과 성전이 세워졌을 때 조금은 해소되었지만, 사람의 손으로 짓지 않은 진정한 성전이 오시기 전까지는 해결되지 않을 것이다.

예수님은 우리가 하나님과 대화하기 위해 특정한 장소에 가거나 특정한 시간을 기다려야 할 필요가 없는 구속사의 한 시점이 시작되었음을 선언하셨다. 우리는 영과 진리로 언제 어디에서나 예배할 수 있다(요 4:23-24). 하나님의 성령이 신자들에게 내주하신 순간부터 우리는 성령님의 전이다.

유대인들은 제사를 드리기 위해 예루살렘 성전으로 향한다. 하지만 참 성전이신 예수 그리스도는 하나님의 백성들이 그분을 예배하기 위해 어떤 곳을 향할 필요가 없도록 하늘에서부터 땅으로 오셨다. 우리에겐 어디서나 우리와 함께하시는 참 성전이 있다. 물론 이는 주일에 공예배로 함께 모이는 시간의 중요성을 부인하려는 것이 아니다(히 10:25). 그러나 이 사실은 새 언약 안에 있는 신자로서 우리가 지니는 특권을 이해하도록 도와준다. 아브라함은 간헐적으로 여호와와 대화했지만 우리는 계속해서 할 수 있다.

그분이 이끄시는 곳으로 따르라

아브라함만 하나님과 대화한 것이 아니다. 창세기 24장에서 우리는 아브라함의 종도 여호와 하나님과 관계를 맺었음을 알 수 있다. 아브라함은 그에게 이삭의 아내 될 사람을 찾으라고 명령했다. 그는 이삭이 가나안 사람과 결혼하는 것을 원하지 않았기 때문에 그의 종을 그의 고향 그의 족속에게 보낸다. 여호와께서 그분의 사자를 앞서 보내셔서 도와주실 것이라는 약속과 함께 말이다. 그의 종이 메소보다미아에 있는 나홀의 성에 도착했을 때, 그는 여호와를 향하여 이삭이 결혼할 여인을 순조롭게 만나게 하심으로 아브라함에게 은혜를 베풀어 달라고 기도했다(창 24:12-14).

아브라함의 하나님 여호와께서 리브가를 보내 주셔서 그의 기도에 응답하셨을 때, 그 종은 여호와의 인자하시고 신실하심을 고백하며 머리 숙여 경배하고 다시 한번 기도했다(창 24:26-27). 여기서 다시 강조되는 기도의 모습으로, 하나님은 그분의 백성들의 삶에 관여하기를 원하시는 인격적인 분임을 알려 주고 있다. 그분은 신실하시고 인자하신 분이시며, 그분의 백성을 이끄시며 지도하신다. 또한 그분의 백성이 부를 때 들으시며 응답하신다.

당신이 나와 같다면, 여호와께서 그 종의 기도에 응답하신 방식처럼 당신의 기도에도 응답해 주기를 원할 것이다. 어떤 신학교에 입학해야 하는지, 이 남자와 결혼하기를 원하시는지, 어떤 사역을 감당하기 원하시는지 알려 주실 하나님의 편지를 내가 얼마나 갈망했는지 모른다. 이러한 큰 결정들을 앞두고 내가 얼마나 고민했는지! 성경의 이야기가 펼쳐질 때마다, 우리는 하나님께서 그분의 자녀를 인도하는 것을 기뻐하시지만, 항상 아브라함의 종을 이삭의 아내에게로 이끄셨던 방식으로 일하시지 않음을 배운다.

우리는 기도하고 하나님의 지혜를 구한다. 우리는 성경을 묵상한다. 우리는 하나님의 주권과 섭리를 믿으며 나아간다. 기도는 우리가 결정하지 못하는 것들에 대한 해답을 준다. 우리는 우리의 삶을 향한 하나님의 계획을 망칠까 봐 두려워할 필요가 없다. 우리는 하나님의 계획을 망칠 수 없다. 지혜를 구하라. 다른 이들을 위해 기도하라. 경건한 결심을 추구하라. 지혜롭게 계획하라. 성경의 원리를 실천하라. 그리고 하나님을 신뢰하라. 그분은 당신의 삶을 향한 계획과 목적 속에서 당신을 신실하게 지키실 것이다.

하나님의 언약은 우리 기도의 기반이 된다

하나님께서 아브라함과 맺은 언약은 그의 아들 이삭을 통해 재확인된다. 하나님은 브엘세바에서 이삭에게 나타나셨다. 그리고 "네 아버지 아브라함의 하나님"으로 자신을 나타내시면서 "두려워하지 말라 내 종 아브라함을 위하여 내가 너와 함께 있어 네게 복을 주어

네 자손이 번성하게 하리라"(창 26:24)고 말씀하셨다. 이에 이삭은 제단을 쌓고 여호와 하나님의 이름을 불렀다.

여기서 다시 하나님의 언약이 기도의 토대가 된다. 하나님은 이삭과의 관계를 시작하셨다. 하나님은 자기 백성을 원하시며 그들이 그분을 알고 그분의 이름을 부르도록 초청하시는 인격적인 분이시다. 하나님께서 아브라함에게 주신 언약에 신실하시다는 사실은, 그분이 이삭과 맺은 관계와 이삭이 믿음 가운데 반응한 것을 통해서 볼 수 있다.

또한 하나님께서 아브라함과 맺은 언약은 그의 손자 야곱이 꾼 꿈을 통해서도 확인할 수 있다. "꿈에 본즉 사닥다리가 땅 위에 서 있는데 그 꼭대기가 하늘에 닿았고 또 본즉 하나님의 사자들이 그 위에서 오르락내리락 하고"(창 28:12). 하나님은 꿈속에서 야곱 곁에 서서 아브라함에게 약속하시고 이삭에게 재확인하셨던 약속을 그에게도 주셨다.

야곱은 후에 깨어 하나님께서 자신과 함께하심을 깨달았다(창 28:10-17). 그는 만약 하나님이 자신과 함께하시고 자신을 지키시며, 공급해 주시고, 평안하게 하신다면 "여호와께서 나의 하나님이 되실 것"(창 28:21)이라고 맹세했다. 야곱의 꿈은 기도의 중요한 성격을 보여 준다. 하나님은 그분의 백성과 함께하신다. 우리는 멀리 계시거나 심지어 다른 방에 계신 하나님께 기도하지 않는다. 그분은 우리 옆에 계신다. 하나님은 그분의 백성에게 내려오신다.

예수님은 요한복음 1장 51절에서 나다나엘과 대화하시며 야곱의 꿈을 암시하신다. 예수님의 제자 빌립은 그의 친구 나다나엘에게 예수님을 보러 오라고 권유한다. 나다나엘은 예수님께서 그를 아실 뿐만 아니라 그가 무화과나무 아래에 있는 것을 보았다고 알려 주셨을 때 매우 놀랐다(요 1:45-49). 나다나엘은 예수님을 하나님의 아들이자 이스라엘의 임금이라고 고백했다.

예수님은 나다나엘에게 더 큰 일을 볼 것이라고 말씀하셨다. "또 이르시되 진실로 진실로 너희에게 이르노니 하늘이 열리고 하나님의 사자들이 인자 위에 오르락 내리락 하는 것을 보리라 하시니라"(요 1:51). 예수님은 자신이 야곱이 본 그 사닥다리라고 말씀하신다. 누구라도 아들을 통하지 않고는 아버지께 기도할 수 없다. 야곱은 하나님께서 그 옆에 계심을 깨달았지만, 우리는 하나님께서 우리 안에 임재하심을 안다. 야곱은 하나님의 임재를 그분이 나타내 주셨을 때 알았지만, 우리는 그분의 임재를 항상 알 수 있다.

하나님은 우리가 기도할 때 들으신다

야곱의 인생을 통해 우리가 배우게 되는 또 다른 기도의 중요한 측면은, 뒤이어 나오는 그의 자녀 이야기에서 볼 수 있다. 야곱에게는 두 아내, 레아와 라헬이 있었다. 라헬은 불임을 경험했다. 비록 성경이 자녀를 향한 그녀의 기도를 기록하고 있지는 않지만, 우리는 그녀가 기도한 것을 알 수 있다. "하나님이 라헬을 생각하신지라 **하나님이 그의 소원을 들으시고 그의 태를 여셨으므로**"(창 30:22). 얼마나 정확한 표현인가!

라헬처럼 우리에게도 갈망하고 기도하는 많은 사람과 장소와 내용이 있지만, 우리는 하나님께서 들으시는지를 깊이 고민하게 된다. 특별히 우리의 기도가 응답받지 못한 것처럼 보일 때 말이다. 용기를 내라! 라헬의 기도에 하나님께서 응답하셨다는 사실이 우리가 구하는 모든 것을 주신다는 약속은 아니다. 하지만 하나님께서 우리의 기도를 들으신다는 약속이다. 그분은 기도를 통해 그분 앞에 올린 우리의 갈망을 들으시고 응답하신다. 우리는 그분께서 아니라고 말씀하실 수도 있고, 기다리라고 하실 수도 있으며, 응답하실 수도 있음을 확신할 수 있다. 하나님은 우리의 삶에서 그분의 목적을 이루시는 선하시고 신실하신 분이다.

여호와는 우리의 두려움과 고통을 들으신다

야곱의 인생에서 가장 중요한 사건은 창세기 27장에 기록되어 있다. 아버지 이삭이 죽을 때가 가까워 그의 쌍둥이 형인 에서에게 축복하고자 했을 때 말이다. 어머니 리브가는 남편을 속여 에서 대신 야곱을 축복하도록 계획을 세웠다. 그리고 야곱은 그 계획에 동조했다. 에서는 자신이 받아야 할 축복을 빼앗겼다는 이유로 야곱을 미워하며 이삭이 죽은 후에 동생을 죽이겠다고 위협했다. 리브가는 야곱에게 에서의 분노가 풀릴 때까지 하란에 있는 그녀의 오라버니 라반의 집으로 도망가라고 말했고, 야곱은 그대로 따랐다.

하란에서 야곱은 라반을 위해 일했고 그의 딸들 레아와 라헬과 결혼했다. 라반의 가축을 치며 오랜 시간을 보낸 야곱은 매우 번창하게 되었다. 라반의 아들들은 그를 질투했고, 라반도 더 이상 예전 같은 호의를 보여 주지 않았다. 그래서 여호와는 야곱에게 집으로 돌아가라고 지시하시며 그와 함께하실 것을 약속하셨다(창 31:1-3).

야곱이 에서를 본 지 오랜 시간이 흘렀다. 그는 자신이 도망칠 때 에서가 얼마나 분노했는지 잘 알고 있었다. 그래서 앞서 사자들을 보냈다. 사자들은 돌아와 에서가 부하 사백 명을 거느린 채 오고 있음을 알려 주었고 이에 야곱은 두려워했다. 그는 에서의 분노가 아직도 불같이 타고 있다고 생각했다. 이에 그와 함께한 사람들을 나누어 만약 에서가 한쪽을 치면 다른 쪽은 도망칠 수 있도록 했다.

그는 괴로움 가운데 하나님께 부르짖었다.

"야곱이 또 이르되 내 조부 아브라함의 하나님, 내 아버지 이삭의 하나님 여호와여 주께서 전에 내게 명하시기를 네 고향, 네 족속에게로 돌아가라 내가 네게 은혜를 베풀리라 하셨나이다 나는 주께서 주의 종에게 베푸신 모든 은총과 모든 진실하심을 조금도 감당할 수 없사오나 내가 내 지팡이만 가지고 이 요단을 건넜더니 지금은 두 떼나 이루었나이다 내가 주께 간구하오니 내 형의 손에서, 에서의 손에서 나를 건져내시옵소서 내가 그를 두려워함은 그가 와서 나와 내 처자들을 칠까 겁이 나기 때문이니이다 주께서 말씀하시기를 내가 반드시 네게 은혜를 베풀어 네 씨로 바다의 셀 수 없는 모래와 같이 많게 하리라 하셨나이다"(창 32:9-12).

당신은 야곱의 진심 어린 부르짖음을 들을 수 있다. 그렇지 않은가? 그는 염려와 두려움 속에 있었지만 자신의 소유와 다른 사람들에게 가지 않고, 도움이 필요한 순간에 하나님께로 나아가 그분의 도움을 구했다.

족장 시대로부터 기록된 가장 긴 기도에서 야곱이 그랬던 것처럼 우리는 인격적인 하나님께 기도하고 있다는 사실을 상기하게 된다. 그분은 자신을 야곱의 아버지와 할아버지에게 나타내셨던 것처럼 야곱에게도 나타내신 바로 그 하나님이시다. 그분은 자기 백성과 관계를 시작하시는 언약의 여호와이시다. 그분은 꿈에서 야곱의 곁에서 계신 하나님이시다. 야곱은 기도하면서 주님께서 자신에게 지시하신 내용을 상기했다. 하나님께 순종하여 고향으로 돌아가고 있었지만, 지금은 그것이 좋은 생각 같지 않았기 때문이다.

성경은 우리가 기도할 때 여호와 하나님께서 주신 약속과 계명을 상기하도록 이끈다. 야곱은 또한 우리가 하나님께 나아갈 때 겸손히 나아가야 한다고 가르친다. 여기에서 야곱은 겸손히 하나님께 나아간다. 그리고 자신이 하나님의 은총과 진실하심을 감당하지 못하는 존재임을 인정한다. 우리는 염려와 두려움 속에 있을 때, 그분의 약속을 기억하면서 겸손한 자세로 인격적인 하나님께 나아갈 수 있다.

야곱이 에서에 대한 두려움을 인정하면서 하나님께 자신을 건져 달라고 기도했을 때, 그는 담대함과 진정성 있는 기도의 모범이 되었다. 또한 야곱은 주님께서 에서로부터 자기 가족을 건지시지 않으시면 그의 후손에 관한 하나님의 언약이 이루어질 수 없음을 깨닫고, 하나님께 약속을 상기시켜 드림으로써 우리에게 하나님의 약속을 기도의 기초로 삼는 본을 보여 주었다.

여호와께서 용서하신다

야곱은 에서가 자신을 향해 사백 명의 사람과 함께 온다는 것을 알고 고통의 시간을 보냈다. 야곱은 홀로 남아 있고자 그의 두 아내와 두 여종, 열한 명의 아들들과 그의 소유를 앞서 보냈다.

그날 밤 그는 한 남자와 새벽까지 씨름했다. 야곱은 그 남자가 자신을 이기지 못하도록 했지만, 씨름하는 동안 부상을 당했다. 그 남자가 야곱의 허벅지 관절을 쳐서 어긋난 것이다. 그 남자는 야곱에게 자신을 보내 달라고 말했지만, 야곱은 거절하며 자기에게 축복해 주지 않으면 보내지 않겠다고 떼를 썼다.

이 남자는 하나님이셨다! 그분은 야곱의 이름을 이스라엘로 바꾸셨는데, 이는 하나님과 및 사람들과 겨루어 이겼기 때문이다. 야곱이 그에게 이름을 묻자 그는 이름을 왜 묻느냐 하며 그를 축복했다. 야곱은 그제야 자신이 하나님을 대면하고도 생명이 보전되었다는 사실을 깨달았다(창 32:22-30).

여호와 하나님과 씨름하며 축복해 달라고 주장했던 야곱의 잠 못 드는 밤은, 흉악한 귀신에 들려 고통당하는 딸에게 자비를 베풀어 달라고 간청하며 예수님과 씨름했던 가나안 여인을 예견하고 있다(마 15:22-28). 이스라엘 집의 잃어버린 양 외에는 다른 데로 보내심을 받지 않았다는 예수님의 답은 그녀를 멈추지 못했다. 그녀는 예수님의 도움을 간구했지만 예수님은 다시 거절하셨다. 하지만 그녀는 믿음으로 충만했고, 예수님은 "여자여 네 믿음이 크도다 네 소원대로 되리라"(마 15:28)고 대답하셨다.

여기에 더 중요한 것이 있다! 호세아서는 야곱의 이 일생일대 사건에 대해 말하고 있다.

"여호와께서 유다와 논쟁하시고 야곱을 그 행실대로 벌하시며 그의 행위대로 그에게 보응하시리라 야곱은 모태에서 그의 형의 발뒤꿈치를 잡았고 또 힘으로는 하나님과 겨루되 천사와 겨루어 이기고 울며 그에게 간구하였으며 하나님은 벧엘에서 그를 만나셨고 거기에서 우리에게 말씀하셨나니"(호 12:2-4).

호세아의 문맥 속에서, 하나님은 이스라엘 백성들에게 배반의 역사와 회개의 필요성의 예시로서 야곱의 이야기를 상기시키신다. 야곱의 밤은 영혼과 육체에서 모두 씨름했던 밤이었다. 야곱은 경건의 귀감이 되는 인물은 아니었다. 세 명의 족장들 중에서 그는 가장 경건하지 않은 인물로 묘사된다. 하지만 그가 씨름하는 동안 그는 자기 죄와 하나님의 은혜가 필요하다는 것을 깨닫게 되었다.[2]

기도는 마술이 아니다. 야곱의 이야기나 가나안 여인의 믿음에 관한 이야기의 의미는, 우리가 주님으로부터 원하는 바를 얻기 위해 작전을 짜거나 최고의 씨름 기술을 사용해야 한다는 것이 아니다. 두 경우 모두 여호와 하나님의 이름을 부른다. 하나님의 이름은 우리의 이름과 같지 않다. 그분의 이름은 그 성품에 근거한다. 하나님은 우리의 삶에서 그분의 선한 목적을 성취하시는 신실하신 분이며, 그 신실하심 덕분에 우리는 기도를 쉬지 않아야 할 근거를 갖는다.

당신이 힘써 기도해 주고 싶은 사람이 있을 것이다. 기도의 목적이 그 사람에게 용기를 주거나, 다른 사람들과의 연합을 강하게 하거나, 그리스도를 아는 지식이 자라도록 하기 위함일 수도 있고(골 2:1-2), 그 사람이 하나님의 모든 뜻 가운데서 완전하고 확신 있게 서도록 하기 위함일 수도 있다(골 4:12). 또한 그 사람이 중독이나 분노, 우울감이나 환멸감, 가난이나 고통, 불신으로부터 벗어나길 원할 수도 있다. 기도에 힘쓰고 포기하지 말라. 그 사람을 건지시도록 하나님께 부르짖어라. 그분의 주권과 선하심 안에서 쉼을 누리라.

당신이 기도에 힘써야 하는 것이 하나님의 용서와 은혜가 필요하기 때문일 수도 있다. 아마 당신도 야곱처럼 속이며 반항하고 있을 수도 있다. 당신의 죄를 하나님께서 용서해 주시기를 간절히 염원하고 있을 수도 있다. 당신이 회개하기를 거부함으로 인해 기도를 통한 그분과의 교제가 깨어졌을 수도 있다. 우리는 야곱이 했던 방식처럼 하나님과 씨름할 필요가 없지만, 그의 이야기는 우리의 죄를 깨달을 때 하나님의 은혜를 구하도록 용기를 준다.

"그런즉 너의 하나님께로 돌아와서 인애와 정의를 지키며 항상 너의 하나님을 바랄지니라"(호 12:6).

그분의 신실하심을 확인하라

창세기 35장에서 야곱의 삶에 관한 서사가 끝으로 향하는 때, 여호와는 그가 사닥다리에 대한 꿈을 꾸고 여호와께 제단을 쌓았던 벧엘로 돌아오라고 명령하신다. 당시 하나님을 향한 야곱의 신앙이 조건적이었다는 사실을 기억하라. 그는 "만약 당신이 나와 함께하시며 나를 지키시고 나의 필요를 채우시며 나를 평안하게 하신다면, 당신이 나의 하나님이 되실 것입니다."라고 하면서 하나님과 거래했었다(창 28:20-21).

야곱의 맹세는 만약 하나님께서 이들 중 하나라도 지키지 않으신다면, 그분을 따르지 않으리라는 뜻을 내포하고 있다. 하나님은 그분의 신실하심을 확인할 수 있는 또 다른 기회를 야곱에게 주신다. 이처럼 여호와 하나님은 야곱의 인생에서 그분의 신실하심을 보여 주셨다. 그와 함께하셨고 그를 지키셨으며 그의 필요를 채우셨고 에서와 화평하게 하셨다.

야곱이 벧엘에 두 번째로 도착했을 때 하나님은 다시 그에게 나타나서 축복하셨다. 하나님은 야곱의 이름을 이스라엘이라 부르셨고, 아브라함과 이삭에게 주셨던 언약의 약속들을 재확인해 주셨다. "하나님이 그와 말씀하시던 곳에서 그를 떠나 올라가시는지라"(창 35:13). 야곱은 제단을 쌓고 전제물을 부었다. 그렇게 그는 하나님의 신실하심을 확인했다.

하나님께서 절대 떠나지 않으실 백성의 기도하는 삶을 보장하기 위해 더 위대한 이스라엘이 오셨다. 예수님은 극심한 고통과 대적의 공격에도 겟세마네에서 기도로 승리하시고 십자가에서 어둠의 권세를 이기셔서, 하나님의 임재가 우리의 마음속에 거하도록 하셨다. 그분은 하늘로 올라가시면서 우리가 기도로 승리하도록 도우시는 그분의 성령을 보내 주셨다(롬 8:26-27).

예수님의 도움 없이는 우리는 겟세마네에서 기도가 필요할 때 잠들어 버린 제자들의 모습과 같을 것이다. 하지만 성령님께서 우리의 연약함을 도우신다. 당신의 기도 생활이 약한가? 하나님의 신실하심을 향한 믿음이 부족한가? 그분은 당신 곁에 계시며 기도를 들으실 준비가 되셨다. 나아가 기도하라. 그분은 자기 백성의 기도를 듣는 것을 기뻐하신다.

나는 당신이 가장 힘든 순간 여호와 하나님께로 향하길 소망한다. 당신이 우울한 하루나 힘겨운 밤을 보낼 때, 외로울 때, 가슴 아프고 혼란스러울 때, 스트레스와 육체적인 고통 속에 있을 때 하나님이 아닌 다른 이들에게 가고자 하는 유혹을 받지만, 그렇게 하지 말라. 신실한 그리스도인 친구가 우리에게 용기를 불어넣어 주고, 기도로 우리를 지탱해 주는 것은 선하고 옳은 일이다. 하지만 먼저 그리스도께로 향하라. 누구도 그분의 신실하심에 비길 수 없다.

── 더 깊은 묵상과 기도를 위한 질문 ──

1. 최근 도움이 필요했던 상황에서 당신은 먼저 하나님께로 향했는가, 친구에게로 향했는가? 이 장을 읽고 난 후 어느 편이 더 낫다고 생각하는가? 그 이유는 무엇인가?

2. 당신은 어떤 상황에서 이렇게 부르짖는가? **여호와 하나님! 나의 삶에서 하나님의 일을 하는 데 필요한 것을 주지 않으시는데, 어떻게 제가 하나님이 당신의 목적을 성취하실 것을 알 수 있습니까?** 하나님께서 아브라함에게 주신 말씀은 어떻게 당신의 믿음을 강하게 하였는가?

3. 당신이 거룩하신 하나님 앞에 죄인임을 고백하며 회개하고, 그분께 돌아갔던 때를 설명해 보라. 회개하고 그분과의 관계를 새롭게 만들어 가는 것이 왜 중요한가?

4. 죄인인 우리가 하나님과 끊임없이 대화할 수 있도록 예수님께서 길을 열어 주신 것은 그리스도인의 특권이다. 이를 잊고 기도를 당연히 여기지 않으려면 어떻게 해야 하겠는가?

5. 의사 결정 과정에서 기도하는 것이 실수에 대한 두려움을 어떻게 예방할 수 있겠는가?

6. 하나님께서 라헬의 기도를 들으셨다는 사실이 우리에게 위로를 준다. 하지만 단순히 하나님께서 그녀의 소원대로 응답하셨다고 이 이야기를 이해하는 친구에게, 어떤 부분을 주의하라고 알려 줄 수 있겠는가?

7. 당신은 누구를 위해 기도에 힘쓰고 있는가? 또는 당신의 죄 때문에 기도에 힘쓰고 있는가? 그렇다면 회개하고 하나님의 은혜로 향하라. 그분의 인애와 정의를 바라보며 그분을 기다리라(호 12:6).

8. 로마서 8장 26-27절은 어떻게 당신의 기도 생활에 위안을 주는가?

9. 이 장에서 배운 내용을 토대로 하나님을 향한 기도문을 작성해 보라.

10. 골로새서 2장 2-3절을 암송하고 기도에 활용해 보라.

4.
기억하시는 하나님
– 족장부터 모세까지

아버지, 당신께서 저보다 앞에서, 곁에서, 뒤에서 가 주지 않으시면 저는 갈 수 없습니다. 나는 강연을 위해서 무릎을 꿇고 기도했다. 나는 자료도 충실하게 준비했고, 발표 연습도 많이 했다. 그러나 성령 하나님께서 나의 마음과 듣는 자들의 마음에 강력하게 역사하지 않으시면, 내가 준비한 많은 것들이 열매를 거두지 못함을 너무나 잘 알고 있었다.

그렇기에 나는 여호와 하나님께서 우리의 마음과 생각을 취하셔서 변화시켜 주시길 간구했다. 이것은 내가 찾은 기도의 방식으로, 어떤 행사에서 강연하거나 성경 공부를 가르치기 전에 반복적으로 기도하는 내용이다.

나는 예수님을 위해 행하는 모든 일에 성령님을 의지해야 한다는 사실을 깊이 통감하고 있다. 나의 기도는 출애굽기에 기록된 모세의 기도와 같다. 그는 백성들을 가나안 땅으로 인도하는 사명을 받았다. 하지만 여호와께서 허락하지 않으시면 한 발짝도 나아갈 수 없었다(출 33:15).

우리는 이 장에서 모세의 기도를 조금 살펴보게 될 것이다. 먼저 우리가 성경 이야기의 어디쯤 와 있는지 생각해 보자.

섭리를 통해 나타난 연민

성경신학의 렌즈를 통해 기도를 공부할 때 성경에 대해 더 많이 배우게 된다. 우리는 창세기에 기록된 창조와 타락에 관한 설명으로 연구를 시작했다. 그다음에 홍수 이야기가 어떻게 우리의 기도를 만들어 가는지 살펴보았고, 그다음 장에서는 족장 시기를 살펴봤다. 이제 우리는 출애굽기에서 시작되는 모세 시대에 도달했다.

이스라엘이 고센 땅에 정착한 이후(창 47:1-12) 야곱의 칠십 명의 자손이 생육하고 번성하여 매우 강력해져서 애굽 온 땅에 가득하게 되기까지 오랜 시간이 걸리지 않았다(출 1:1-7). 애굽에 요셉을 알지 못하는 새 왕이 일어났고, 그는 이스라엘을 강하게 압제했다. 이때 레위인 부부 사이에서 한 사내아이가 태어났다.

애굽 왕이 히브리 남자 아기들을 모두 죽이라고 명령하자 이 용기 있는 부부는 3개월 동안 아기를 숨겼다. 그들은 이후 아기를 갈대 상자에 담아 강가 갈대 사이에 두었다(출 2:3).

모세는 의도적으로 갈대 상자를 표현할 때 노아의 방주에서 사용된 같은 히브리어 단어를 사용했다. 여호와 하나님은 노아와 모세

두 사람 다 물에서 안전하게 건지시고 경건한 계보를 보존하셨다.

바로의 딸은 목욕하는 동안 상자를 발견했고, 그 속에서 울고 있는 남자 아기에게 연민이 생겼다. 이것이 섭리를 통해 나타난 연민이다! 그녀는 아기의 누이인 미리암이 먼 데서 지켜보고 있다는 사실을 몰랐다.

미리암은 바로의 딸에게 히브리 여인을 찾아 그 아기를 돌보도록 하는 것이 어떤지 물었다. 바로의 딸이 좋다고 대답했을 때, 미리암은 그녀의 어머니 요게벳을 불러왔다. 그렇게 요게벳은 자신의 아기를 다시 품에 안을 수 있었다. 아기가 젖을 떼자마자 요게벳은 아기를 바로의 딸에게 데려갔고, 그는 바로의 가정에서 애굽의 교육과 훈련을 받으며 자라게 되었다(출 2:4-10).

하나님은 그분의 섭리 속에서 갓난아기가 바로 가정의 일원이 되도록 하시려고 모든 사건을 지휘하셨고, 아기를 알맞은 때에 알맞은 장소에 두셨다. 이 사건은 하나님의 힘과 은혜의 섭리를 보여 주는 이야기이다. 이 아기는 이스라엘의 구원자로 자랄 것이었다. 그리고 후에 오실 더 위대한 구원자 예수 그리스도의 예표가 될 것이었다.

만약 지금 당신의 마음속에 하나님의 섭리에 대한 의문이 생긴다면, 이 이야기가 하나님의 선하심과 주권을 믿고 기도하도록 당신을 초청할 것이다. 많은 순간 우리는 그분의 길을 이해하지 못하지만, 그분을 신뢰할 수 있다. 끔찍한 사건도 우리 아버지의 손에서 선으로 바뀌게 된다(창 50:20).

하나님과 논쟁하지 말라

그 사이 이스라엘 백성들은 종의 멍에로 인해 신음하며 구원해 달라고 부르짖고 있었다. "여러 해 후에 애굽 왕은 죽었고 이스라엘 자손은 고된 노동으로 말미암아 탄식하며 부르짖으니 그 고된 노동으로 말미암아 부르짖는 소리가 하나님께 상달된지라 하나님이 그들의 고통 소리를 들으시고 하나님이 아브라함과 이삭과 야곱에게 세운 그의 언약을 기억하사 하나님이 이스라엘 자손을 돌보셨고 하나님이 그들을 기억하셨더라"(출 2:23-25). 성경에서 "기억하셨"다는 표현은 지나치기 쉽지만 중요한 말이다.

하나님은 그분의 약속을 언제나 기억하고 계신다. 노아와 언약을 맺으신 증거로 구름 속에 무지개를 걸어 놓으셨을 때, 그분은 말씀하셨다.

> "내가 구름으로 땅을 덮을 때에 무지개가 구름 속에 나타나면 내가 나와 너희와 및 육체를 가진 모든 생물 사이의 내 언약을 기억하리니 다시는 물이 모든 육체를 멸하는 홍수가 되지 아니할지라"(창 9:14-15).

이 증거는 하나님과 그의 백성을 위한 것이다. 우리는 기억하시며 약속을 지키시는 하나님을 향해 기도한다. 사람들이 그분을 향해 기도하는 자리로 돌아오도록 간구하라. 그분은 항상 그분의 말씀을 지키시는 분이다.

여호와 하나님께서 족장들과 맺으신 그분의 언약을 기억하시기 때문에 바로의 압제로부터 그분의 백성을 구원하도록 모세를 사용하실 것이다. 하나님은 아담, 노아, 아브라함, 이삭, 야곱과 관계를 시작하셨던 것처럼 모세와의 관계를 시작하셨다. 그분은 하나님의 산 호렙(시내산이라고 알려진)에서 타는 떨기나무 가운데 모세를 부르셨다. 이에 모세는 "내가 여기 있나이다"(출 3:4)라고 대답했다.

하나님은 그가 선 곳은 거룩한 땅이니 발에서 신을 벗으라고 말씀하셨다. 그리고 그분은 스스로를 아브라함의 하나님, 이삭의 하나님, 야곱의 하나님이라고 밝히셨다. 모세는 하나님을 두려워하며 얼굴을 가렸다(출 3:6). 하지만 하나님은 계속해서 말씀하셨다.

"내가 애굽에 있는 내 백성의 고통을 분명히 보고 그들이 그들의 감독자로 말미암아 부르짖음을 듣고 그 근심을 알고 내가 내려가서 그들을 애굽인의 손에서 건져내고 그들을 그 땅에서 인도하여 아름답고 광대한 땅, 젖과 꿀이 흐르는 땅 곧 가나안 족속, 헷 족속, 아모리 족속, 브리스 족속, 히위 족속, 여부스 족속의 지방에 데려가려 하노라"(출 3:7-8).

그분은 자기 백성을 압제로부터 건지시기 위해 모세를 부르셨다. 하지만 모세는 하나님의 소명을 감당할 자신이 없었기에 그분이 적

합한 사람을 택하신 게 아니라고 생각했다. 하지만 여호와 하나님은 그분의 임재와 증거를 약속하셨다.

"내가 반드시 너와 함께 있으리라 네가 그 백성을 애굽에서 인도하여 낸 후에 너희가 이 산에서 하나님을 섬기리니 이것이 내가 너를 보낸 증거니라"(출 3:12).

모세는 그에게 주어진 사명에 확신이 없었기 때문에 하나님과의 대화를 끝내지 않았다. 그리고 그 백성들이 "우리 조상의 하나님의 이름이 무엇이냐?"라고 물을 때 어떻게 대답해야 할지 물었다.

하나님은 "나는 스스로 있는 자이니라"(출 3:14)고 대답하셨다. 그리고 "너희 조상의 하나님 여호와 곧 아브라함의 하나님, 이삭의 하나님, 야곱의 하나님께서 나를 너희에게 보내셨다 하라 이는 나의 영원한 이름이요 대대로 기억할 나의 칭호니라"(출 3:15)고 말씀하셨다. 다시 말해, 여호와는 그분의 '언약의 이름'이시다. 하나님은 언약의 방식으로 그분의 백성에게 자신을 낮추셨다. 예수님도 '나다'라는 언급으로 같은 표현을 하셨다(요 6:20, 35, 48, 51; 8:21, 24, 28, 58; 9:5; 10:7, 9, 11, 14; 11:25; 14:6; 15:1; 18:5).

여호와 하나님은 모세가 이스라엘 백성들에게 해야 할 말들을 알려 주셨다. 그분은 애굽에서 그들을 건지셔서 가나안으로 이끌어 가시겠다고 약속하셨다. 바로가 이를 허락하지 않을지라도 여호와께서 애굽의 신들이라 불리는 것들 위에 그분의 능력을 보이시고, 이스라엘 백성들은 애굽 사람들의 물품을 취하게 될 것이다.

하지만 모세는 여전히 백성들이 자신을 믿을 것이라 확신하지 못했다. 이에 여호와 하나님은 백성들에게 보여 줄 수 있는 강력한 이적을 주셨다. 여전히 모세는 불신으로 가득 차 있었다. 모세는 자신이 입이 뻣뻣하고 혀가 둔한 자라고 대답했다. 그러자 하나님은 그분의 임재를 약속하셨다.

"이제 가라 내가 네 입과 함께 있어서 할 말을 가르치리라"(출 4:12). 모세가 그래도 다른 사람을 보내기를 간청하자(출 4:13), 이번에는 여호와 하나님께서 모세를 향하여 노하셨다. 그러나 자비로우신 하나님은 모세에게 다른 입, 즉 그의 형 아론을 보내 주셨다. 모세는 이끌고 아론은 말하며, 그들은 팀으로서 일할 것이었다.

하나님과 모세의 대화는 후에 이스라엘 백성들이 애굽에서 탈출한 후 펼쳐지는 사건들을 예견한다. 이는 동시에 모세의 기도 생활의 시작이기도 하다(출 5:22-23; 6:12; 8:12, 30; 9:33). 극적 최고조는 모세와 이스라엘 백성들이 그분의 구원에 감사하며 여호와 하나님을 향해 노래할 때 찾아온다(출 15:1-18). 하나님은 애굽의 신들과 왕에게서 영광스러운 승리를 거두셨다. 그분은 자신의 능력과 거룩함, 인자와 신실하심을 보여 주셨다. 주님은 왕이시다!

하나님께서 우리에게 어려운 일을 하도록 말씀하실 때가 있다. 당신은 개구쟁이 남학생들로 가득한 반을 맡은 선생님일지도 모르겠다. 당신은 그해에 감당하지 못할 것 같다고 생각하며, 누군가 대신 수업을 맡아 줬으면 할 것이다. 또는 대학원 과정이 너무 어려울 수도 있다. 과제에 빠져 허우적대면서 자신이 이 학위 과정을 밟기에 적합한 사람인지 의문스럽기도 할 것이다. 당신의 자녀에게 특별한 도움이 필요한데, 그 아이를 위한 적절한 돌봄을 주지 못하고 있다고 느낄 수도 있다.

하나님께서 당신의 사랑하는 자녀를 양육하도록 소명을 주셨을 때, 그분이 하신 일을 알고 계시는지 의문스러울 수도 있다. 또는 당신과 너무 다른 사람과 결혼해 갈등을 겪고 있을 수 있다. 그럴 땐 당신이 배우자를 사랑하고 섬기도록 부르심을 받았다는 것을 알면서도, 하나님께서 둘을 한 몸으로 세우시는 게 과연 옳은 일이었는지 의심하는 자신을 발견하기도 한다.

그런 모든 순간 기도로 하나님께 나아가 당신이 느끼는 무능력함과 결핍에 대하여 아뢰라. 그러나 그분의 계획에 대해 논쟁하지 말라. 당신이 그 수업에 알맞은 선생님이라는 것을, 대학원 과정을 졸업하기 위해 그분을 의지할 수 있다는 것을, 당신이 아이에게 딱 맞는 부모이며, 상대방에게 가장 좋은 배우자라는 사실을 신뢰하라.

하나님은 실수가 없으시다. 그분께 믿음의 눈으로 당신의 상황을 볼 수 있도록 도와 달라고 구하라. 그리고 이러한 어려움을 통해서 당신의 마음에 그분이 하시는 일로 인해 감사하라.

우리는 하나님을 두려워할 필요가 없다

7주 동안 지속된 힘든 여정이 끝나고 이스라엘은 시내산에 도착했다.[1] 모세가 산에 올라가 하나님께 나아갔을 때 백성들은 그 주변에 진을 치고 있었다. 이 모습은 하나님께서 모세에게 말씀하신 증거의 성취였다(출 3:12). 시내산에서 여호와 하나님은 언약의 중보자인 모세를 통해 이스라엘과 언약을 맺으셨다. 이 언약의 요약과 본질은 십계명에서 발견된다(출 34:28). 백성들은 거룩하지 않았기 때문에 산꼭대기에 올라가 하나님과 대화할 수 없었다. 거룩하신 하나님은 그들 가운데 거하실 수 없었다. 하지만 하나님은 우레와 번개와 나팔 소리와 산의 연기로 하늘로부터 그들에게 말씀하셨다(출 20:18). 오히려 그들이 하나님을 두려워하여 그분께 말하려고 하지 않았다.

"모세에게 이르되 당신이 우리에게 말씀하소서 우리가 들으리이다 하나님이 우리에게 말씀하시지 말게 하소서 우리가 죽을까 하나이다"(출 20:19).

이러한 감정을 느껴 본 적이 있는가? 죄와 수치를 깨달을 때 하나님께 말씀드리는 것은 너무 두려운 일이다. 그분이 우리를 용서하지 않으실지도 모른다고 생각할 때도 있다. 또 어떤 때는 수치심으로 가득 차서 우리가 했던 것들을 스스로 아뢸 수 없다. 기독교 상담 가나 그리스도 안에서 만난 사람들, 심지어 목회자에게 찾아가 말할 수도 있지만, 하나님께는 말하지 못한다.

히브리서 저자는 이 이야기를 암시하면서 이렇게 말한다.

"너희는 만질 수 있고 불이 붙는 산과 침침함과 흑암과 폭풍과 나팔 소리와 말하는 소리가 있는 곳에 이른 것이 아니라 그 소리를 듣는 자들은 더 말씀하지 아니하시기를 구하였으니 … 그러나 너희가 이른 곳은 시온 산과 살아 계신 하나님의 도성인 하늘의 예루살렘과 천만 천사와 하늘에 기록된 장자들의 모임과 교회와 만민의 심판자이신 하나님과 및 온전하게 된 의인의 영들과 새 언약의 중보자이신 예수와 및 아벨의 피보다 더 나은 것을 말하는 뿌린 피니라"(히 12:18-19, 22-24).

얼마나 영광스러운가! 우리는 하나님께 아뢰는 것을 두려워할 필요가 없다. 그분은 거룩하시다. 우리는 만물의 심판자를 두려워할 모든 이유를 가지고 있다. 하지만 모세보다 위대한 중보자, 예수 그리스도께서 그의 죽음과 십자가를 통해 새 언약을 개시하셨다.

따라서 우리는 두려움이 아닌 담대함으로, 초조함이 아닌 즐거움으로, 염려가 아닌 환희로 하나님께 아뢸 수 있다. 당신의 죄와 수치 때문에 그분에게서 도망치지 말라. 오히려 그분께 달려가라. 그분은 우리의 죄를 자백하고 회개하기 위해 나아갈 유일한 피난처이시다.

우리는 중보할 수는 있지만 구원할 수는 없다

이스라엘이 여호와 하나님과 언약을 맺으며 그분의 모든 명령에 순종하기로 한 이후에(출 24:1-8), 여호와께서 모세를 산으로 올라오라고 부르셨다. 거기에서 그분이 계명을 적으신 돌판과 성막 건설을 위한 지침을 주셨다. 모세가 성막 안에 포함시켜야 할 세 가지 물건 중 하나는 기도를 공부하는 데 중요한 단서가 된다. 분향단은 성소 안에 위치했다(출 30:1-5; 37:25-29). 향단은 하나님의 백성의 기도를 위해 세워졌다. 그 단은 지성소 앞 휘장 가장 가까운 곳에 있었으며, 그것은 기도자가 하나님의 마음에 가장 가까이 다가간다는 의미가 있었다. 그리고 향은 영속적인 성격을 가지고 있었는데 이것은 여호와께서 그의 백성들의 계속적인 기도를 얼마나 기뻐하시는지 우리에게 상기시켜 준다.[2]

우리는 또한 황금송아지 사건을 통해 기도에 관한 중요한 몇 가지 사실을 배운다. 모세가 40주야를 떠나 있는 동안, 그 백성들은 그들의 인도자를 기다리는 인내심을 잃어버렸다. 그들은 아론에게 자신들을 이끌어 줄 신들을 만들어 달라고 요청했다. "…일어나라 우리를 위하여 우리를 인도할 신을 만들라 이 모세 곧 우리를 애굽 땅에서 인도하여 낸 사람은 어찌 되었는지 알지 못함이니라"(출 32:1).

아론은 백성들의 요구에 그들이 숭배할 황금송아지를 만들어 주었다(출 32:2-6). 여호와께서 모세에게 그 백성이 저지른 일을 말씀하시며, 그들에게 내려가 진노하여 그들을 진멸하고 모세로 큰 나라가 되게 하겠다고 하셨다. "내가 이 백성을 보니 목이 뻣뻣한 백성이로다 그런즉 내가 하는 대로 두라 내가 그들에게 진노하여 그들을 진멸하고 너를 큰 나라가 되게 하리라"(출 32:9-10).

모세는 하나님께 뜻을 돌이키시길 간청했다. 그는 어찌하여 하나님께서 자신이 구원하신 백성을 향해 이같이 노하시느냐고 물었다. 모세는 그분의 명성을 지키시고, 애굽 사람들이 하나님께서 자기의 백성을 진멸하기 위해 구원해 내었다고 말하지 않기를 원했다. 모세는 여호와 하나님께 진노를 돌이키시고 아브라함과 이삭과 야곱과 맺으셨던 언약을 기억해 달라고 요청했다(출 32:11-13).

여호와는 모세의 간청과 중보기도를 들으셨고 화를 그들에게 내리지 않으셨다. 기도의 효과가 있었는가? 그렇다! 우리의 기도는 그분의 주권적인 계획을 성취하시기 위해 사용하시는 하나님의 수단 중에 하나다.

모세가 이스라엘 백성들을 그들의 죄와 마주하게 한 뒤에, 그는 백성들의 속죄를 위해 여호와 하나님께 올라갔다. 그리고 그분께 그들을 용서해 주시든지, 아니면 자신의 이름을 생명의 책에서 지워 달라고 요청했다. 다시 말해, 그는 하나님의 백성을 위해 자신의 생명을 내놓은 것이다. 하지만 그분은 모세를 희생제물로 받지 않으셨고, 백성들의 우상숭배로 인해 재앙을 내리셨다(출 32:30-35).

모세의 간청은 거절되었다. 백성을 위해서 죽는 것은 하나님의 아들에게 예비되었기 때문이다. 오직 예수님, 죄 없으신 한 분만이 자신의 생명을 하나님의 백성의 죄 속함을 위하여 내어 줄 수 있었다. 예수님의 십자가 죽음으로 말미암은 속죄만이 구원에 이르는 유일한 길이었다. 예수님은 완전한 대속자셨지만, 모세는 아니었다.

우리는 다른 이들을 위해 중보할 수는 있지만, 그들을 구원할 수는 없다. 이것이 다른 사람들의 눈을 열어 그들의 죄를 깨닫고, 생명책에 우리의 자리를 보장하시는 주 예수 그리스도의 이름을 믿게 해 달라고 간청하는 이유다(출 32:33; 계 20:15).

당신이 가지 않으시면 우리도 갈 수 없습니다

여호와 하나님께서 그 백성을 데리고 시내산을 떠나 가나안 땅으로 가라고 말씀하셨을 때, 그분은 사자를 그들보다 앞서 보내실 것이지만 그들과 함께 가지는 않으시겠다고 말씀하셨다. 왜냐하면 그들은 목이 곧은 백성들이었기 때문이다(출 33:1-3). 하지만 모세는 여호와께서 함께하시지 않으시면 가지 않겠다고 했다. 그는 이스라엘 진영 밖에 회막을 쳤다.

거기에서 "사람이 자기의 친구와 이야기함 같이 여호와께서는 모세와 대면하여 말씀하"셨다(출 33:11). 그 회막에서 모세는 백성들을 위해서 중보했다. 그는 여호와께서 함께 가지 않으시려면 백성들을 가나안으로 보내지 말아 달라고 간청했다. 그분 없이 가는 것이 무슨 의미가 있겠는가? 땅 위의 다른 모든 백성과 그들을 구별하는 것은 바로 하나님의 임재 아닌가(출 33:15-16).

모세는 여호와 하나님의 목전에서 은혜를 입었다면 자신이 알 수 있도록 그분의 길을 보여 달라고 했을 뿐만 아니라, 그분의 영광을 보여 달라고 요청했다. 하나님은 그분의 모든 선한 것을 모세 앞으로 지나가도록 하셨고, 그분의 언약의 이름을 선포하시며 은혜와 긍휼을 약속하셨다. 그러나 모세에게 그분의 얼굴을 보여 주시지는 않았다.

모세가 시내산에 올라가 두 번째 돌판을 받을 때(첫 번째는 모세가 분노하여 황금송아지에 던져 부쉈다), 여호와께서 구름 가운데에 강림하셔서 모세와 함께 그 산에 서셨고 그 앞을 지나가시며 선포하셨다. "여호와라 여호와라 자비롭고 은혜롭고 노하기를 더디하고 인자와 진실이 많은 하나님이라"(출 34:6).

이에 모세는 땅에 엎드려 하나님께 경배했다. "이르되 주여 내가 주께 은총을 입었거든 원하건대 주는 우리와 동행하옵소서 이는 목이 뻣뻣한 백성이니이다 우리의 악과 죄를 사하시고 우리를 주의 기업으로 삼으소서"(출 34:9). 모세가 산에서 내려왔을 때 그의 얼굴에서 빛이 난 것은 이상한 일이 아니다. 그는 하나님과 대화를 나누었다(출 34:29)!

사랑하는 주님이시자 구원자이신 예수 그리스도에 관해 쓰면서 사도 요한은 하나님과 모세 사이의 대화를 상기시킨다. "말씀이 육신이 되어 우리 가운데 거하시매 우리가 그의 영광을 보니 아버지의 독생자의 영광이요 은혜와 진리가 충만하더라"(요 1:14). 더 이상 모세만 하나님의 영광을 보는 특권을 가진 것이 아니다. 예수님께서 오셔서 그분의 영광을 보여 주셨다!

우리는 이제 그리스도 안에서 하나님의 얼굴을 본다. 또한 우리는 복음을 듣고 그분을 믿을 때, 그리스도 안에서 성령님으로 인치심을 받는다. 그분은 하나님께서 그분의 소유를 속량하실 때까지 우리 기업의 보증이 되시는 분이다(엡 1:14). 우리가 하나님의 기업이라는 사실을 생각해 보라! 성막을 채웠던 여호와의 영광(출 40:34)은 하나님의 영광(요 1:14)이 오셔서 우리 가운데 거하시는 그날을 예견했다. 우리는 성부 하나님께 기도하기 위하여 진영 밖에 있는 회막으로 나갈 필요가 없다. 예수님께서 성령으로 아버지께 기도할 수 있는 성막이시기 때문이다. 이 얼마나 영광스러운가!

주의 목전에서 은혜를 얻기 위해 여호와 하나님을 알고자 했던 모세의 기도는 골로새 교회를 위한 사도 바울의 기도에 반향을 일으킨다. "이로써 우리도 듣던 날부터 너희를 위하여 기도하기를 그치지 아니하고 구하노니 너희로 하여금 모든 신령한 지혜와 총명에 하나님의 뜻을 아는 것으로 채우게 하시고 주께 합당하게 행하여 범사에 기쁘시게 하고 모든 선한 일에 열매를 맺게 하시며 하나님을 아는 것에 자라게 하시고"(골 1:9-10). 이 기도는 여호와 하나님을 알고

자 하는 우리 자신을 위한 기도가 되어야 할 뿐만 아니라, 우리의 가족과 교회의 일원을 위한 기도가 되어야 한다. 우리는 장차 올 그날에 하나님과 그분의 영광을 온전히 알게 될 것이다.

"그 성은 해나 달의 비침이 쓸 데 없으니 이는 하나님의 영광이 비치고 어린 양이 그 등불이 되심이라"(계 21:23).

하나님의 백성은 영광을 가지고 새 예루살렘으로 들어가게 될 것이다. "만국이 그 빛 가운데로 다니고 땅의 왕들이 자기 영광을 가지고 그리로 들어가리라"(계 21:24). 하나님의 영광은 그분의 형상으로 만들어진 그분의 백성에게 반영된다. 오직 생명책에 기록된 사람들이 그 성의 문을 통해 "만국의 영광과 존귀를 가지고"(계 21:26) 들어갈 것이다.

불뱀과 놋뱀

모세가 세운 성막은 구속사를 통해 하나님께서 그분의 백성을 상대하시는 하나의 진전이었다. 이는 여호와 하나님께서 아브라함과 이삭과 야곱과 대화하셨던 모습에 비해 친밀하게 보이지 않을지도 모른다. 하지만 (제사 제도와 밀접한 관계를 가진) 성막은 기도하는 장소로서 정기적인 제사를 올렸던 반면, 족장과 나누신 대화는 산발적이었다는 것을 기억할 필요가 있다.

성막은 하나님께서 그분의 백성 가운데 임재하심의 상징이다. 지성소 밖에 있던 분향단은 하나님께서 그분의 백성의 기도를 기뻐하신다는 사실을 상기시켜 준다. 이스라엘이 가나안을 향해 여행한 이후로 그들은 영속적인 건축물을 건설하지는 못했다. 그 일은 다윗의 아들 솔로몬의 때에나 일어날 것이었다. 그럼에도 불구하고 성막은 광야의 여정 동안 하나님을 예배하기 위한 장소가 되었다.

신명기는 그들의 여행 기록이다. 불행히도 이스라엘 백성들의 광야 여정은 감사 대신 불평으로, 기쁨 대신 의심으로, 사랑 대신 욕망으로, 즐거움 대신 질투로, 친절함 대신 비판으로, 신실함 대신 실패로, 절제 대신에 죄악으로 얼룩졌다.

그들의 조급함을 보여 주는 단적인 예로, 그 백성은 하나님과 모세를 향하여 원망하며 "어찌하여 우리를 애굽에서 인도해 내어 이 광야에서 죽게 하는가 이 곳에는 먹을 것도 없고 물도 없도다 우리 마음이 이 하찮은 음식을 싫어하노라"(민 21:5)고 말했다. 그들의 죄악된 태도와 비난 때문에 여호와는 그들 가운데 불뱀을 보내셨고, 그것이 이스라엘 백성들을 물어 많은 이들이 죽었다(민 21:6).

살아 있던 자들은 그들의 죄를 모세에게 고백했고 불뱀이 떠나가도록 기도해 달라고 요청했다. 그래서 모세는 백성의 편에서 기도했고, 여호와는 불뱀을 만들어 장대 위에 매달고 물린 자마다 그것을 보면 살게 될 것이라고 말씀하셨다(민 21:7-10).

은혜언약은 구약성경에서 신약과는 다르게 시행되었다. "약속과 예언, 희생, 할례, [그리고] 유월절 어린양" 외에도, "유대인들에게 전해진 다른 양식과 규례들로 시행되었다. 이 모든 것은 장차 오실 그리스도를 예표하는 것으로서 그 당시에는 성령님께서 이 모든 것을 통해 선택된 사람들이 약속된 메시아를 믿게 하고, 그들을 견고하게 하시기에 충분하고 효과적이었다."[3]

이스라엘 백성들의 눈이 놋뱀을 바라봤을 때, 여호와 하나님은 그들에게 그리스도의 십자가에 대한 그림을 주신 것이다. 슬프게도 놋뱀은 결국 이스라엘의 우상 중 하나가 되었고, 히스기야의 개혁 아래에 부서졌다(왕하 18:4).

예수님은 광야의 놋뱀 이야기를 바리새인이자 유대인의 지도자인 니고데모와의 대화에서 언급하신다.

"하늘에서 내려온 자 곧 인자 외에는 하늘에 올라간 자가 없느니라 모세가 광야에서 뱀을 든 것 같이 인자도 들려야 하리니 이는 그를 믿는 자마다 영생을 얻게 하려 하심이니라"(요 3:13-15).

당신과 내가 죄를 지었을 때, 우리는 모세를 통해 하나님께 나아가거나 눈을 들어 놋뱀을 볼 필요가 없다. 우리는 더 위대하신 중보자 예수 그리스도를 통하여 하나님께 나아가며, 우리의 구속을 성취하신 십자가를 향해 눈을 든다. 예수님은 그분 안에서 우리가 영생을 얻게 하시기 위하여 우리 죄의 형벌을 참으셨다.

당신은 나의 기도 "아버지, 당신께서 저보다 앞에서, 곁에서, 뒤에서 가 주지 않으시면 저는 갈 수 없습니다."에 공감할 수 있겠는가? 예수님을 위해 하는 어떤 것이든 성령님을 의지하고 있음을 깊이 깨닫는가? 아마 당신은 모세처럼 당신에게 감당할 수 없는 일이 맡겨졌다고 생각할지도 모르겠다.

그러나 기억하라 여호와 하나님께서 당신과 항상 함께하신다. 그분에게 당신의 염려와 두려움, 당신의 부족함과 외로움의 감정을 아뢰라. 그분으로부터 달아나거나 당신이 감당하도록 부르신 일로부터 도망치지 말라. 대신 주님께 달려가라. 그리고 그분의 멈추지 않는 은혜 속에서 쉼을 누리라.

더 깊은 묵상과 기도를 위한 질문

1. 어떤 상황에서 하나님께 영광을 돌리기 위해 성령님의 도우심을 구해야 한다고 생각하는가? 그런 때에 어떻게 기도하는가?

2. 어떤 상황에서 하나님의 섭리에 대해 질문하게 되는가? 당신에게 용기를 주는 그분의 약속에 관하여 무엇을 알고 있는가? 이 진리의 빛 아래에서 어떻게 기도할 수 있는가?

3. 당신이 너무 어렵다고 느끼는 하나님의 명령은 무엇인가? 도전을 앞두고 모세가 자신이 부적합하다고 느꼈던 감정으로부터 무엇을 배울 수 있는가? 하나님께서 이러한 어려움을 통해 당신의 마음에 행하심을 감사한 적이 있는가? 만약 없다면, 지금 당장 감사하는 시간을 가지라.

4. 당신의 기도가 중요한지 의문을 가졌던 때를 설명해 보라. 당신의 친구가 왜 기도해야 하는지 묻는다면 어떻게 대답할 수 있겠는가?

5. 당신이 기도해 줘야 할 사람은 누구인가? 그 사람의 눈을 열어 주시고 회개의 자리로 이끌어 주시길, 그리하여 예수 그리스도의 이름을 믿게 해 주시길 하나님께 간청하라.

6. 모세가 이스라엘 백성들이 목이 곧은 백성이기 **때문에** 하나님의 임재를 간구했다는 사실은 어떤 의미인가? 우리가 기도할 때 하나님께서 신자를 그분의 기업으로 삼으신다는 것은 무엇을 의미하는가? 당신은 이 진리를 깨닫게 된 후 어떻게 죄를 고백하고 기도할 것인가?

7. 예수님께서 우리가 성령님의 도우심으로 아버지께 기도하는 성막이시라는 영광스러운 진리를 설명해 보라. 이 진리가 당신을 기도하고 싶게 하는 이유는 무엇인가?

8. 눈을 들어 예수님께서 구속을 성취하신 십자가를 바라보며, 당신의 죄를 회개하고 그분께 달려간 적이 있는가?

9. 이 장에서 배운 내용을 토대로 하나님을 향한 기도문을 작성해 보라.

10. 골로새서 2장 2-3절을 암송하고 기도에 활용해 보라.

5.
들으시는 여호와 하나님
- 모세부터 다윗과 솔로몬까지

지금 이 순간 마음속 깊이 갈망하고 있는 것은 무엇인가? 만약 누군가가 당신에게 가장 원하는 한 가지를 물어본다면 무엇이라고 대답하겠는가? 당신이 만약 싱글이라면 결혼을, 결혼했다면 자녀를 원할 것이다. 지금 당신의 직장이 마음에 들지 않는다면 다른 직장을 원할 것이다. 육체의 질병이 당신을 괴롭힌다면 하루빨리 고통에서 벗어나 질병이 낫기를 원할 것이다. 당신의 자녀가 학교생활을 힘들어한다면 그 어려움이 해결되기를 원할 것이다.

친구나 가족이 오랫동안 그리스도와 교회로부터 멀어져 방황한다면 그들이 회개하고 돌아오기를 원할 것이다. 경제적인 문제로 가족들이 어려움을 겪고 있다면 수입이 늘어나기를 원할 것이다. 자녀의 비행으로 인해 한밤중에 연락을 받는 일이 생긴다면, 그 아이가 죄를 깨닫고 구원자를 필요로 하기를 원할 것이다. 당신이나 주변 사람이 결혼 생활 때문에 고민하고 있다면 그 문제들이 나아지기를 원할 것이다. 연로하신 부모님을 돌보며 그들을 더 잘 돌볼 수 있는 사람들의 도움을 원할지도 모른다.

우리의 선한 갈망이 이루어지지 않는 것처럼 보일 때 무엇을 할 수 있을까? 당신의 갈망에 관심을 가지고 들어줄 수 있는 사람이 있는가? 그것들을 위해 무언가 해 줄 수 있는 이가 있는가?

오래전 자녀를 갈망했지만 임신하지 못했던 한 여인이 있었다. 그녀는 자신의 갈망을 기도로 하나님께 아뢰며 자신의 심정을 그분 앞에 쏟아부었다. 하나님은 그녀의 부르짖음을 들으시고 응답하셨다. 우리는 바로 그녀의 기도를 들으신 여호와 하나님께 기도한다.

한나의 진심어린 기도

지난 장에서 우리는 광야에 남겨진 이스라엘 백성들이 모세에게, 궁극적으로 하나님을 향해 불평하고 항의하는 모습을 보았다. 하나님은 모세가 죽은 후 여호수아를 세우셔서 그 백성을 약속의 땅, 하나님께서 성막을 통해 그분의 백성과 함께하실 장소로 이끌게 하셨다. 구속사 안에서 볼 때 이 시기까지 에덴동산과 성막은 여호와 하나님께서 임시로 그분의 백성과 함께하시는 장소였다. 여호수아서의 중심 내용은 이스라엘 백성이 약속의 땅인 가나안에 들어가 정복하는 이야기다.

하지만 여호수아가 죽은 뒤 우리는 사사기를 통해 그들이 그 땅을 정복하는 데 실패했음을 배우게 된다(삿 1:27-36). 그들은 자신들의 눈에 옳은 대로 행하였는데, 그 이유는 이스라엘에 왕이 없었기 때문이었다. 사사기와 룻기는 사울왕과 다윗왕을 통해 이스라엘의 왕정이 시작될 것임을 예견한다. 이 이야기가 발전하는 데 있어서 매우 중요한 인물은 사무엘이라는 소년이다. 하나님은 그를 선지자로 세우셔서 사울과 다윗에게 기름 붓도록 하셨다.

사무엘의 이야기는 그의 어머니의 기도와 함께 시작된다. 심지어 그가 태어나기도 전에 말이다. 사무엘의 어머니인 한나는 그녀를 몹시 사랑해 주는 경건한 남편이 있었지만, 자녀가 없다는 사실에 심히 괴로워했다. 오늘날에도 불임은 고통스러운 일이지만 한나의 시대에는 더욱 그러했다.

왜냐하면 여호와께서 그분의 백성들이 순종할 때 태의 열매로 축복하시지만, 불순종하는 백성들에게는 저주하여 자녀를 주지 않겠다고 말씀하셨기 때문이다(신 28:4, 11, 18; 시 127:3). 따라서 당시 백성들에게 불임은 저주로 여겨졌다. 더욱이 가족 안에서 여성의 지위는 곧 어머니로서의 위치와 연결됐다. 결국 여인이 아이를 갖지 못하면 그 사회로부터 외면당할 수밖에 없었다.[1]

그러나 한나는 좌절과 고통 속에서 여호와를 떠나지 않고 그분께 나아가 기도했다. 실로에 있는 여호와의 집에서 기도함으로 한나는 그분의 임재를 바라보았다. "서원하여 이르되 만군의 여호와여 만일 주의 여종의 고통을 돌보시고 나를 기억하사 주의 여종을 잊지 아니하시고 주의 여종에게 아들을 주시면 내가 그의 평생에 그를 여호와께 드리고 삭도를 그의 머리에 대지 아니하겠나이다"(삼상 1:11).

한나는 여호와께 그녀의 심정을 담은 기도로 마음속 깊은 고통을 고백했다. 엘리 제사장이 그녀를 향해 취했다고 할 정도로 그녀의 감정은 깊었다. 하지만 한나는 전혀 취하지 않았다. 그녀는 자녀가 생기지 않아 심히 괴로워함으로 여호와께 간청하고 있었다. 한나는 자신이 취한 것이 아니라고 말했고, 엘리는 그런 그녀를 축복했다. 그 후 한나는 돌아가 음식을 먹고 더 이상 슬퍼하지 않았다.

얼마 지나지 않아 여호와께서 한나에게 복을 내리셔서 아들을 주셨다. 그녀는 그 아이의 이름을 사무엘이라고 지으며 "이는 내가 여호와께 그를 구하였다 함이더라"(삼상 1:20)고 말했다. 사무엘이 젖을 뗀 후 한나는 (실로에 있는 여호와의 집으로 나아가) 그 아이를 엘리에게 데려갔다. 그녀는 자신이 몇 년 전 엘리 곁에 서서 기도하던 여자라고 소개하며, 이 아이는 여호와께서 자신이 구한 바를 허락하셔서 주신 아들이라고 알려 주었다. 이는 한나에게 매우 힘든 일이었지만, 그녀는 자신의 아들을 여호와께 드리겠다고 맹세했다.

한나는 여호와께 했던 맹세를 후회하고 그녀가 오랫동안 기다렸던 그 아들을 포기하는 비통함 가운데 있지 않았다. 오히려 그녀는 여호와를 찬양했다. 찬양은 매우 중요한 기도의 중심이다.

"한나가 기도하여 이르되 내 마음이 여호와로 말미암아 즐거워하며 내 뿔이 여호와로 말미암아 높아졌으며 내 입이 내 원수들을 향하여 크게 열렸으니 이는 내가 주의 구원으로 말미암아 기뻐함이니이다 여호와와 같이 거룩하신 이가 없으시니 이는 주 밖에 다른 이가 없고 우리 하나님 같은 반석도 없으심이니이다 … 땅의 기둥들은 여호와의 것이라 여호와께서 세계를 그것들 위에 세우셨도다 그가 그의 거룩한 자들의 발을 지키실 것이요 악인들을 흑암 중에서 잠잠하게 하시리니 힘으로는 이길 사람이 없음이로다 여호와를 대적하는 자는 산산이 깨어질 것이라 하늘에서 우레로 그들을 치시리로다 여호와께서 땅 끝까지 심판을 내리시고 자기 왕에게 힘을 주시며 자기의 기름 부음을 받은 자의 뿔을 높이시리로다 하니라"(삼상 2:1-2, 8-10).

한나의 기도로부터 얻는 격려

한나의 기도 생활로부터 우리는 많은 보화를 얻을 수 있다. 하나님께서 그분의 백성들의 깊은 실망과 고통을 그분에게 쏟아부을 수 있도록 초대하신다는 사실이 너무도 아름답지 않은가? 그분은 기도를 들으시며 응답하신다. 여호와는 한나에게 아들을 허락하셨다. 그리고 그분의 넘치는 은혜로 한나에게 다섯 명의 또 다른 아이들, 세 아들과 두 딸을 주셨다(삼상 2:21). 우리는 이 말씀을 보면서 불임 여성이 기도할 때 하나님이 자녀를 주신다는 약속을 하셨다고 가정할 수 없다. 그러나 만약 그분의 목적과 계획을 따르는 것이라면, 그분은 자녀를 주실 수 있고 반드시 주심을 기억하게 하는 말씀이다.

    기도는 또한 한나를 변화시켰다. 그녀는 기도를 마치고 여호와의 집을 떠나가서 먹고 근심 빛이 없어졌다(삼상 1:18). 우리의 기도는 하나님의 생각을 바꾸지 않는다. 우리를 바꾸는 것이다. 기도는 우리를 그분의 뜻에 맞추도록 여호와 하나님께서 사용하시는 은혜의 수단이다. 우리는 하나님께서 우리의 기도를 들으신다는 사실을 분명히 알고, 우리의 심정을 쏟아낼 수 있다. 그리고 그 기도가 하나님의 온전한 뜻을 따른다면 마땅히 그 기도를 허락하실 것이다. 한나가 근심에서 벗어나 음식을 먹을 수 있었던 이유는, 기도를 통해 쌓은 주님에 대한 신뢰가 있었기 때문이다.

    기도의 핵심에 넘쳐나는 기쁨이 있다는 것도 매우 중요하다. 한나는 여호와 하나님을 알았다. 그녀는 그분의 구원을 기뻐했으며 그분의 거룩하심과 왕이심을 인정했다. 그녀는 심판주이자 창조주이신 하나님을 찬미했다. 그리고 그녀는 기름 부음 받은 이에 대해서 노래했다.

한나의 기도의 중요성

    사무엘서가 한나의 기도로 시작되고 다윗의 구원의 노래(삼하 22:1-23:7)로 끝난다는 점에서 한나의 기도는 중요한 역할을 한다.

그녀의 기도는 이후 나타나는 구속사의 큰 사건을 위한 무대를 제공한다. 그 사건은 가나안 땅에서 이스라엘을 다스리는 인간 왕이 세워진 것이다. 그 중요성은 사무엘서와 열왕기서라는 역사서보다 더 먼 곳까지 다다른다. 누가복음 1장 46-55절에서 마리아는 왕이신 예수님에 대한 노래를 부르며 한나의 기도를 반영한다.

"마리아가 이르되 내 영혼이 주를 찬양하며 내 마음이 하나님 내 구주를 기뻐하였음은 … 능하신 이가 큰 일을 내게 행하셨으니 그 이름이 거룩하시며"(눅 1:46-47, 49; 삼상 2:1-2 참조).

신약의 다른 본문에서도 한나의 기도가 나타난다. 그리스도는 한나가 노래한 구원을 성취하셨다. 그분은 광야에서 이스라엘과 함께 하셨던 반석이시다(고전 10:4; 삼상 2:2 참조). 그분은 "하나님으로부터 나와서 우리에게 지혜"(고전 1:30)가 되셨다(삼상 2:3 참조). 그분은 기름 부음 받은 자로 오셔서 가난한 자에게 복음을 전하시고 포로 된 자에게 자유를 주셨다(눅 4:18; 삼상 2:4-8 참조). 하나님은 이 세상의 악한 통치자들을 무력화시키시고 그리스도 안에서 그들을 이기심으로써 그들의 수치를 드러내셨다(골 2:15; 삼상 2:9-10 참조).

"또 내가 하늘이 열린 것을 보니 보라 백마와 그것을 탄 자가 있으니 그 이름은 충신과 진실이라 그가 공의로 심판하며 싸우더라 … 그 옷과 그 다리에 이름을 쓴 것이 있으니 만왕의 왕이요 만주의 주라 하였더라"(계 19:11, 16).

여호와의 대적은 "불못에 던져지"게(계 20:15) 될 것이나, 그분은 그의 보좌를 새 예루살렘, 즉 하나님께서 그분의 백성과 함께 거하시는 곳에 보좌를 세우실 것이다(계 21:3).

성경이 그리스도를 중심으로 쓰인 하나의 이야기라는 점을 이해한다면, 우리는 불임에 대한 한 여인의 고통과 괴로움, 그녀의 기도, 그리고 하나님께 돌려드린 아들에 대한 이야기에서 한 걸음 물러서서 훨씬 더 위대한 것을 볼 수 있다. 우리는 더 위대한 어떤 것을 본다.

사무엘은 하나님께서 이스라엘의 선지자로 세우셔서, 이스라엘의 처음 두 왕에게 기름을 부은 인물이다. 그 왕들은 더 위대하고 영원한 왕이신 예수님을 가리킨다. 이런 방식으로 성경을 이해하는 것은, 더 큰 이야기의 한 부분으로서 작은 이야기들을 볼 수 있도록 이끌어 준다.

대부분 우리가 드리는 기도의 문제는 너무 작다는 것이다. 우리는 마음속에서 하나님의 나라를 위해 기도하는 것을 잊어버린다. 그리고 각자 갈망하는 것이나 실망한 것을 위한 기도로 축소시킨다. 여호와 하나님께 우리의 갈망이나 실망하는 마음으로 기도하는 자체는 문제가 없다. 하지만 마음속에서부터 성경의 전체 이야기와 함께 기도할 필요가 있다. 그렇게 할 때 우리의 기도는 변한다.

미혼 남녀의 "나와 함께하고 나를 위해 주며 인생을 함께 보낼 수 있는 배우자를 원합니다."라는 기도가, "복음을 위하여 함께 섬길 수 있는 배우자를 허락해 주세요."라는 기도로 바뀌게 될 것이다. 통제 불능처럼 보이는 어린 자녀를 둔 부모의 "이 집에 평화와 안정을 허락해 주세요."라는 기도가, "아이들을 성경의 방식으로 가르칠 수 있도록 도와주시고 이 아이들이 하나님을 위한 빛이 될 수 있도록 도와주세요."라고 바뀌게 될 것이다.

직장인의 "제가 이 회사에서 더 나은 날들을 보낼 수 있도록 도와주세요."라는 기도가, "이곳에서 하나님의 영광을 위해 나에게 주신 은사를 어떻게 사용해야 하는지 보여 주세요. 그리고 직장 동료에게 복음을 전할 수 있는 기회를 주세요."라는 기도로 변화될 것이다. 연로하신 부모님을 돌보는 자녀의 "이 스트레스로부터 나를 구원해 주세요!"라는 부르짖음도, "제의 모든 말과 행동에서 그리스도의 선하심을 나타낼 수 있도록 도와주세요."라고 바뀌게 될 것이다.

하나님의 마음에 합한 사람

사무엘의 이야기가 진행되면서 하나님은 그를 이스라엘의 선지자로 부르셨다(삼상 3:1-4:1). 사무엘이 노년이 되었을 때, 이스라엘은 다른 이방 나라들과 같이 자신들을 통치할 왕을 달라고 요구했다. 그들의 요구에 기뻐하지 못했던 사무엘은 여호와 하나님께 기도했다. 하나님은 사무엘에게 그들을 다스릴 왕을 주라고 말씀하셨다. 이스라엘 백성들은 사무엘이 아니라 하나님을 거절한 것이다.

하나님은 은혜 가운데 사무엘에게 그들을 다스릴 왕의 존재에 대해 경고하라고 말씀하셨다. 그러나 백성들은 사무엘의 경고에 귀 기울이지 않았다. 이스라엘 백성들은 자신들을 다스리며 전쟁에 나가서 싸울 수 있는 왕을 세움으로 주변의 다른 나라들과 같이 되고 싶어 했다(삼상 8:4-9).

하나님은 이스라엘의 첫 번째 왕을 선택하셨다(삼상 9:15-16). 사사 시대 때 주님은 이스라엘에 왕이 없을 때 어떤 혼란이 일어나는지 보여 주셨다. 사울을 통해 주님은 이스라엘에 악한 왕이 서게 될 때 뒤따르는 혼돈을 보여 주실 것이었다.

사울은 하나님의 마음을 따르는 사람이 되기보다, 자신의 이기적인 욕망을 따랐다. 그는 베풀기보다 착취하는 사람이었다. 분노와 시기, 질투와 경쟁심으로 가득 차서 여호와 하나님께 불순종했고 이로 인해 왕국을 잃게 되었다(삼상 13:13-14). 사무엘과 사울 모두 이스라엘의 두 번째 왕이자 하나님의 마음에 합한 사람 다윗의 길을 준비하는 인물이었다.

사무엘하 7장에서 하나님은 다윗 계보의 영원한 왕이 통치할 영원한 나라에 관한 언약을 다윗과 맺으셨다. 첫 번째로, 하나님은 다윗에게 자리를 약속하시는데, 양치는 자였던 그를 하나님의 백성을 다스리는 왕으로 세우셨다. 두 번째로, 하나님은 다윗에게 한 장소를 약속하신다. 이스라엘은 그들이 소유한 땅에 거주하게 될 것이었다. 세 번째로, 하나님은 다윗에게 평화를 약속하신다. 그들의 땅에서 이스라엘은 적들로부터 안식을 얻을 것이다. 네 번째로, 하나님은 다윗에게 후계자를 약속하신다. 여호와 하나님께서 다윗의 후손을 일으키셔서 그의 왕국을 영원히 세우실 것이다.

다윗왕은 하나님의 언약에 겸손하게 반응하며 그분께 기도했다(삼하 7:18-29). "…나는 누구이오며 내 집은 무엇이기에 나를 여기까지 이르게 하셨나이까"(삼하 7:18). 겸손은 모든 기도자가 갖춰야 할 자세다. 다윗은 하나님의 은혜를 이용하지 않았다. 대신 여호와 하나님께서 이 위대한 일들을 그분의 영광을 위하여 자신의 삶 속에서 이끄심을 인정했다.

더욱이 다윗은 스스로를 하나님의 언약백성의 일원으로 여겼다. "땅의 어느 한 나라가 주의 백성 이스라엘과 같으리이까 … 주께서 주의 백성 이스라엘을 세우사 영원히 주의 백성으로 삼으셨사오니 여호와여 주께서 그들의 하나님이 되셨나이다"(삼하 7:23-24). 이것이 은혜언약에서 가장 중요한 부분이다. 창세기부터 요한계시록까지 성경을 관통하는 황금 줄기이다. 그분은 우리의 하나님이시며, 우리는 그분의 백성이다. 하나님은 구속과 그분의 왕국이 완성되기까지 멈추지 않으실 것이다.

마지막으로 다윗은 용기를 가지고 그에게 말씀하신 약속과 그의 후손에게 복을 주실 것을 확언해 주시기를 간청했다.

"이제 청하건대 종의 집에 복을 주사 주 앞에 영원히 있게 하옵소서 주 여호와께서 말씀하셨사오니 주의 종의 집이 영원히 복을 받게 하옵소서 하니라"(삼하 7:29).

다윗은 그가 살아 있을 때만이 아니라 그의 후손들을 향한 하나님의 복을 원했다. 그는 하나님께서 그의 자녀들과 손주들, 그 이후 후손들에게도 복 주실 것을 알고자 했다.

위대한 왕

다윗은 그 자신의 위대함이 아니라 하나님의 아들 예수 그리스도의 위대함을 가리키기 위해 선택되었다. 예수님은 다윗의 후손이시자 아브라함의 후손, 노아의 후손, 아담의 후손이시며 하나님의 아들이시다(눅 3:31, 34, 36, 38). 그분의 왕권과 왕국은 다윗의 것을 훨씬 능가한다. 그리고 십자가를 통한 그분의 희생으로 하나님의 약속인, "나는 너희 중에 행하여 너희의 하나님이 되고 너희는 내 백성이 될 것이니라"(레 26:12)는 말씀이 성취되었다. 그분은 십자가를 통해 하나님과 우리를 화해시키셨고, 그리스도 안에서 은혜언약은 영원히 확정되었다.

"아들에 관하여는 하나님이여 주의 보좌는 영영하며 주의 나라의 규는 공평한 규이니이다 주께서 의를 사랑하시고 불법을 미워하셨으니 그러므로 하나님 곧 주의 하나님이 즐거움의 기름을 주께 부어 주를 동류들보다 뛰어나게 하셨도다 하였고"(히 1:8-9).

우리는 기도할 때 하나님 앞에서 스스로 겸손해져야 한다(약 4:10). 우리는 우리가 인정하는 모습보다 더 교만하다. 때로는 주님을 의지하는 것이 매우 어렵다고 느낀다. 성경은 계속해서 우리는 유혹에 약한 존재이며, 우리 모두의 마음에 교만이 있음을 알려 준다. 만약 당신의 삶에 일어난 어떤 일로 주님과 논쟁하거나 다른 이들과 다투게 된다면, 제발 주님 앞에서 겸손해지라.

또한 우리는 기도할 때 하나님의 성품을 찬양해야 한다. 대부분 마음의 소원들은 길지만, 하나님의 위대하심을 인정하는 시간은 너무 짧다. 가나다순으로 그의 성품을 찬양하도록 시도해 보라. "주님 당신을 찬양합니다. 당신의 거룩하심과 구원, 놀라움과 담대함, 신실하심과 영원하심, 위대하심, 자비와 정의로우심, 창조를…."

기도할 때 우리가 언약 공동체의 일원임을 잊지 않는 것도 중요하다. 당신은 목회자나 장로들, 집사들 및 교회의 일원을 위해서 얼마나 자주 기도하는가? 그들의 편에 서서 그들의 삶 속에 하나님의 위대하심을 나타내 달라고 기도하기를 힘쓰고 있는가? 다른 성도들을 위해서 얼마나 자주 기도하고 있는가?

마지막으로 우리는 다윗의 기도를 드려야 한다. 예수님께서도 이 기도를 응용하여 드리셨다. "그들을 진리로 거룩하게 하옵소서 아버지의 말씀은 진리니이다"(요 17:17; 삼하 7:28 참조). 이 기도는 우리의 자녀들과 손주들, 우리 교회의 언약의 자녀들을 위해 필요하다. 우리는 다음 세대들을 말씀의 방식으로 훈련시킬 기회를 얻고 다음 세대들이 말씀을 행하며 신실하게 성장하기를 기도해야 한다.

그분의 자비는 더욱 크다

하나님께서 다윗에게 위대한 군사적 업적을 주시고 이스라엘의 왕이라는 특권을 주셨음에도, 다윗의 인생은 완벽과는 거리가 멀었다. 다윗은 살인과 음란의 죄를 모두 저질렀다(삼하 11장). 하지만 시편 51편에서 다윗은 하나님께 기도로 간청한다. 이 기도는 하나님이 누구신지에 대한 고백으로 시작한다.

"하나님이여 주의 인자를 따라 내게 은혜를 베푸시며 주의 많은 긍휼을 따라 내 죄악을 지워 주소서"(시 51:1).

그리고 다윗은 자신이 죄인이며 하나님의 은혜가 절대적으로 필요하다는 고백으로 나아간다.

"나의 죄악을 말갛게 씻으시며 … 무릇 나는 내 죄과를 아오니 내 죄가 항상 내 앞에 있나이다 내가 주께만 범죄하여 주의 목전에 악을 행하였사오니 주께서 말씀하실 때에 의로우시다 하고 주께서 심판하실 때에 순전하시다 하리이다 내가 죄악 중에서 출생하였음이여 … 보소서 주께서는 중심이 진실함을 원하시오니 내게 지혜를 은밀히 가르치시리이다"(시 51:2-6).

다윗은 자신의 죄에 대해 여러 가지를 깨달았다. 그는 현재 죄인이며 근원에서부터(우리가 원죄라고 부르는) 죄인이었다. 그리고 그의 죄는 온 땅의 심판자이신 하나님을 대적하는 것이다.

다윗은 하나님의 자비에 대해서도 몇 가지를 깨달았다(시 51:7-12). 자비로우신 여호와 하나님은 그를 피로써 씻기실 것이다. "…나의 죄를 씻어 주소서 내가 눈보다 희리이다"(시 51:7). 또한 다윗 안에 새로운 마음을 창조하시고, 그분 앞에서 쫓아내지 않으실 것이었다(시 51:10-11). 더욱이 다윗은 하나님께서 자신이 그분을 떠나 죄악에 빠져 있을 때 잃어버린 기쁨을 회복시켜 주실 수 있다는 확신이 있었다(시 51:8, 12).

하나님의 은혜 가운데 다윗의 죄는 회개함과 하나님의 씻기심이라는 방식을 통해 참된 예배로 이어졌다. 이 본문은 또한 증거(witness)라는 사역으로 끝이 난다(시 51:13-19). 다윗은 용서의 소망을 붙잡고 하나님의 자비에 대해 다른 이들에게 가르칠 수 있었다. 그는 주로 예배를 통해 그 일들을 했다. "주여 내 입술을 열어 주소서 내 입이 주를 찬송하여 전파하리이다"(시 51:15).

그는 또한 하나님께서 신자들의 공동체 안에서 일하셔야 한다는 사실을 절실히 깨달았다. 하나님께서 예루살렘 성벽을 세우시고, 백성들의 마음에 역사하셔서 헛된 예배와 노골적인 죄를 없애 주셔야 했다.

> "주의 은택으로 시온에 선을 행하시고 예루살렘 성을 쌓으소서 그 때에 주께서 의로운 제사와 번제와 온전한 번제를 기뻐하시리니 그 때에 그들이 수소를 주의 제단에 드리리이다"(시 51:18-19).

오직 여호와 하나님께서 예배를 통해 그분을 향하는 정결한 마음과, 그분의 사역을 위한 손과, 그분의 이름을 증거하는 혀를 창조하실 때에 이스라엘은 그분께 영광을 돌리는 백성이 될 것이다.

오늘날의 백성들도 마찬가지다. 주님께서 우리의 마음을 예배를 통해 그분을 향하게 하시고, 우리의 손에 힘을 주셔서 그분의 사역에 열심을 갖게 하시고, 우리의 입술에 능력을 주셔서 그 이름을 찬양하게 하실 때에만 그분을 영화롭게 하고 그분을 즐거워할 것이다.

죄인들은 구세주가 필요하다

다윗의 회개는 죄인된 우리에게 자비로운 구세주가 필요하다는 사실을 드러낸다. 예수님께서 이 땅에 오셔서 하나님의 자비를 온전히 나타내셨다(요 1:14). 완전하신 하나님의 어린양은 세상의 죄를 지고 가셨다. 우리는 성적인 부도덕함, 우상숭배, 음란함, 동성애나 알코올 의존증이 용서받지 못할 죄라고 생각하도록 유혹을 받을 수 있다.

하지만 바울은 주님께서 이런 죄의 덫에 빠진 이들을 용서하시고, 그들이 회개하고 믿음으로 그분을 향할 때 새로운 마음을 주신다는 사실을 상기시킨다. "…주 예수 그리스도의 이름과 우리 하나님의 성령 안에서 씻음과 거룩함과 의롭다 하심을 받았느니라"(고전 6:11).

교회의 일원이 되고자 하는 이들에게 반드시 묻는 질문이 있다. 그들이 하나님 보시기에 죄인이라는 사실을 인정하느냐는 것이다. 이는 너무나 중요하다. 우리의 죄를 깨달을 때 비로소 예수님이 필요하심을 깨닫게 된다. 그러나 더 중요한 사실은, 그리스도께서 자신의 피로 우리를 씻으시고, 눈과 같이 희게 하시며, 새 언약을 성취하심으로 우리 안에 정한 마음을 창조하시며, 성령으로 우리 안에 거하신다는 사실을, 그리고 그분께서 자신의 기쁨을 우리에게 주심으로 우리 안에 기쁨이 충만하게 하심을 아는 것이다.

가장 위대한 대제사장이신 예수님은 자신을 마지막이자 완전한 제물로 드리셨고, 하나님은 이를 업신여기지 않으셨다. 가장 위대한 선지자로서 예수님은 하나님의 백성들을 찬양으로 인도하셨고, 가장 위대한 왕으로서 교회를 세우셨고, 모든 족속과 방언과 백성들이 어린양께 영광을 돌리게 하신다. 함께할 때나 혼자일 때나 우리는 기도를 통해 자신의 죄를 하나님께 고백하고 그분을 찬양해야 한다.

솔로몬의 절정의 기도

왕정 시대는 다윗의 아들 솔로몬이 다윗에게 하신 하나님의 약속이 성취되었음을 성전 봉헌 기도로 진술하는 장면에서 절정을 이룬다(왕상 8:24). 더 이상 광야에서처럼 성막을 설치했다가 해체할 필요가 없다. 더 이상 언약궤를 실로(수 18:1), 놉(삼상 21:1), 기브온(대상 16:39)에 있던 성막에 둘 필요가 없다.[2]

솔로몬은 그가 지은 예루살렘 성전에 언약궤를 가져다 놓았다. "제사장들이 여호와의 언약궤를 자기의 처소로 메어 들였으니 곧 성전의 내소인 지성소 그룹들의 날개 아래라"(왕상 8:6). 또한 솔로몬은 여호와를 찬양하며 다윗에게 주신 약속을 성취하셨음을 고백했다. 그리고 하늘을 향하여 손을 펴고 기도했다(왕상 8:22-53).

솔로몬은 약속을 지키시는 인격적인 하나님께 기도했다. "이르되 이스라엘의 하나님 여호와여 ⋯ 주의 앞에서 행하는 종들에게 언약을 지키시고 은혜를 베푸시나이다"(왕상 8:23). 여호와 하나님은 언약을 통해 자신을 백성들에게 낮추셨다. 솔로몬은 "위로 하늘과 아래로 땅에 주와 같은 신이 없나이다"(왕상 8:23)라고 하나님의 위대하심을 인정했다. 그리고 하나님의 약속에 기초해서 기도했다. "…이제 다윗을 위하여 그 하신 말씀을 지키시옵소서 … 말씀이 확실하게 하옵소서"(왕상 8:25-26).

또한 그는 "하늘과 하늘들의 하늘이라도 주를 용납하지 못하겠거든 하물며 내가 건축한 이 성전이오리이까"(왕상 8:27)라며, 이 성전이 하나님을 담을 수 없음을 인정했다. 마지막으로 특정한 상황에서 하나님의 심판과 용서와 은혜를 베풀어 주시기를 간구했다. 그는 여호와께서 성전 안에서 드리는 백성의 기도나 성전을 향하여 드리는 기도를 들으시고 응답해 주시기를 간구했다.

주목할 부분은 솔로몬의 일곱 가지 요청은 죄와 관련된 것이라는 점이다. 이는 성경의 큰 주제 중 하나다. 우리는 성경 이야기 전체를 통해 우리 스스로 죄의 문제를 해결할 수 없음을 배운다. 우리는 죄의 문제를 해결할 방법이 필요하다. 그 해결책은 오직 예수 그리스도, 솔로몬이 기도를 통해 예견했던 그분 안에서만 발견된다.

첫 번째, 솔로몬은 "어떤 사람이 그 이웃에게 범죄함으로" 악인은 심판하시고 의인은 의롭다 하시기를 간구했다(왕상 8:31-32). 두 번째부터 네 번째 간구는, 이스라엘이 전쟁에서 패배하고 가뭄과 기근과 역병을 마주하는 상황에서 그들의 죄를 인정하고 용서를 구할 때 이스라엘을 용서해 달라는 것이었다(왕상 8:33-40). 다섯 번째 간구는, 이방인들이 하나님의 위대하심을 듣고 기도할 때 하나님께서 자신의 크신 이름을 위하여 들으시고 응답해 달라는 것이었다(왕상 8:41-43). 여섯 번째, 이스라엘이 전쟁할 때 그들의 일을 돌아봐 주시기를 구했다(왕상 8:44-45).

그의 마지막 간구에서 솔로몬은 이스라엘 백성들이 죄로 인해 그 땅에 쫓겨날 것을 예견했다. 그리고 만약 그들이 회개한다면 여호와께서 그들을 용서하시고 긍휼을 베푸시기를 기도했다(왕상 8:46-53).

위대한 진전

진전되어 가는 것이 보이는가? 우리는 아담과 하와가 하나님과 완전한 교제를 누렸던 동산에서 시작했다. 그러나 타락 이후 그분과의 교제가 끊어졌고, 아담과 하와는 동산에서 쫓겨났다. 셋의 후손들은 여호와 하나님의 이름을 부르기 시작했지만, 온 땅에 죄악이 가득했고 그분은 홍수로 인류를 심판하셨다. 오직 노아와 그의 가족들만 구원받았다. 하나님은 노아와 언약을 맺으시며 그와의 관계를 시작하셨다. 그리고 족장 시대에 다시 아브라함, 이삭, 야곱과의 관계를 시작하셨다. 그들 모두는 기도했고 그들의 기도는 친밀했다. 그러나 그런 모습은 산발적으로 나타났다.

모세는 족장들의 그런 기도에서 한 발짝 더 나아가 진영 밖에 있는 작은 회막에서 하나님을 만날 수 있었다. 그는 하나님을 만나고자 할 때 회막으로 나아갔다. 곧 성막은 모세의 회막을 대신했다. 이것은 모세뿐 아니라 이스라엘 백성들도 그곳에서 기도할 수 있었기에 더 나은 것이었다. 수백 년 후 성막은 예루살렘 성전으로 대체되었다. 이제 이스라엘뿐 아니라 모든 나라가 성전을 향하여 온 세상의 왕이신 여호와의 이름을 부르며 기도할 수 있게 되었다.

200여 년이 지난 후 여호와는 선지자 이사야를 통해 말씀하시며 그분의 백성들이 하나님의 성전을 우상숭배와 부도덕한 곳으로 만들어버린 것에 대해 고발한 솔로몬의 말을 상기시키셨다.

"여호와께서 이와 같이 말씀하시되 하늘은 나의 보좌요 땅은 나의 발판이니 너희가 나를 위하여 무슨 집을 지으랴 내가 안식할 처소가 어디랴 나 여호와가 말하노라 내 손이 이 모든 것을 지었으므로 그들이 생겼느니라 무릇 마음이 가난하고 심령에 통회하며 내 말을 듣고 떠는 자 그 사람은 내가 돌보려니와"(사 66:1-2).

이사야가 예언한 지 700여 년이 지나고 교회의 첫 순교자였던 스데반은 이사야의 말씀을 그의 설교에 사용했다. 그때 스데반은 유대인들이 목이 곧은 백성이며 의로우신 분을 배반하고 죽인 이들이라고 고발했다(행 7:47-53). 그들은 성막과 성전이 모두 예수님을 가리킨다는 핵심을 놓쳤다. 예수님은 "말씀이 육신이 되어 우리 가운데 거하시[장막치시]"는(요 1:14) 분이다.

예수님은 우리가 성령님의 능력으로 아들을 통해 아버지께 기도하기 위해 나아가는 참된 성전이시다. 그리스도 안에서 우리는 죄 사함을 받았다. 그분은 유대인과 이방인들 모두를 맞아 주시며 장벽을 허무시고 십자가로 "한 새 사람"을 만드셨다(엡 2:14-16). 그리스도는 모든 민족과 방언과 족속 가운데서 그분의 교회를 세우고 계신다(계 7:9-10; 21:24-26).

또한 신자들 안에 성령님이 내주하시기 때문에 그들이 성전이기도 하다(고전 3:16-17). 우리는 사마리아의 그리심산이나 예루살렘에 모리아산과 같은 특정한 장소로 갈 필요가 없다(요 4:20). 우리는 이미 살아 계신 하나님의 도성 시온산에 이르렀다(히 12:22-24). 우리 안에 성전이 있기에 언제 어디서나 기도할 수 있다. 얼마나 영광스러운 일인가!

누군가가 당신에게 잘못을 저질렀는가? 주님께로 가져가 그분께서 판단하시도록 하라. 또 자녀에게 소리를 높이거나 배우자에게 짜증을 냈거나 혹은 술에 취해 쫓겨났는가? 다시 한번 주님께로 나아가 회개하고 용서를 구하라. 우리는 모두 죄를 범했고 하나님의 영광에 이르지 못한다(롬 3:23). 우리는 모두 기도함으로 용서를 구해야 할 이유가 있다. 당신의 죄를 주님께 가져가서 긍휼을 베풀어 주시고 용서해 주시길 간구하며 부르짖으라. 그분은 자신의 약속을 지키시는 신실하시고 위대하신 하나님이시다. 하나님께서 당신의 간구를 들으시고 긍휼과 용서를 베풀어 주시리라고 믿을 만한 모든 이유도 여기 있다.

무언가를 간절히 원하지만, 이루어지지 않은 채 수년을 보내는 것은 매우 힘든 일이다. 하지만 당신은 혼자가 아니다. 하나님의 더 큰 구원의 이야기 속에 담긴 한나의 이야기를 통해, 당신도 그 안에서 자신의 이야기를 발견할 수 있다. 당신의 간구는 허공의 메아리가 아니다. 당신의 눈물은 무관심 속에 떨어지는 것이 아니다. 여호와 하나님께서 당신의 기도를 들으시며 응답하신다. 하나님께서 항상 우리가 원하는 방식으로 응답하시는 것은 아니지만, 그분의 응답은 언제나 선하며 지혜롭고 은혜로우시다. 일이 뜻대로 되지 않을 때, 하나님께서 가장 좋은 때에 가장 좋은 방법으로 응답하심을 믿어야 한다. 그럴 때 결과와 관계없이 주님 안에서 기뻐할 수 있다.

더 깊은 묵상과 기도를 위한 질문

1. 당신이 기도할 때 깊은 고민들이 주님 안에서 기쁨으로 변했던 순간들을 설명해 보라. 어떻게 그 일이 일어났는가?

2. 한나는 사무엘을 엘리에게 데려가서, 자신이 몇 년 전에 기도했던 여인이며 이제 아들을 바친다는 사실을 상기시켰다. 하나님께서 응답하신 기도를 다른 이들에게 말하는 것에 대해 어떻게 생각하는가?

3. 한나의 이야기는 우리가 구하는 것을 주님께서 주신다는 포괄적인 약속인가? 왜 그런가? 또 왜 그렇지 않은가?

4. 사무엘상 2장 1-10절의 한나의 기도를 지금 당신의 상황에 적용해 보고, 마음을 다해 여호와 하나님을 찬양하는 시간을 보내라.

5. 당신의 기도가 너무 작거나, 당신의 소망과 실망으로 축소되진 않았는지 점검해 보라. 당신의 기도는 어떻게 변화될 수 있는가?

6. 다음의 목록들이 당신의 기도에 어떻게 반영되고 있는가?
(겸손, 하나님의 성품을 찬양하는 것, 교회의 지도자를 위한 간구, 다음 세대들이 진리를 알도록 구하는 것)

7. 당신을 하나님의 사랑으로부터 단절시키는 죄가 있는가? 시편 51편의 다윗의 고백 중 어떤 부분이 당신에게 위로와 확신을 주는가? 하나님께서 어떠한 죄라도 용서하실 수 있는 분임을 믿지 않는 친구를 돕기 위해 어떻게 이 말씀을 활용할 수 있는가?

8. "하나님께서 나의 기도를 들으신다는 사실을 어떻게 알 수 있나요?"라고 질문하는 사람들에게 어떻게 대답할 것인가?

9. 이 장에서 배운 내용을 토대로 하나님을 향한 기도문을 작성해 보라.

10. 사무엘상 2장 1-2절을 암송해 보라.

6.

신뢰할 수 있는 하나님

— 솔로몬부터 포로기까지

삶을 살아가다 보면, 우리의 '영광의 순간들'이 지나간 것처럼 보이는 때가 있다. 교육, 직업, 결혼, 사역, 양육 등에 있어서 정점을 찍은 것 같고 무엇이든 할 수 있을 듯한 잠재력을 가졌던 지난날을 되돌아보며 그리워한다. 더 심각한 경우 과거에 갇혀 더 이상 주님께서 우리와 함께하시지 않고, 우리를 사용하시지 않으며, 우리 가운데 강력한 일을 행하실 수 없으리라 생각한다.

불안과 두려움이 마음을 지배하고, 나이나 건강이 우리의 발목을 잡는 것처럼 보일 수 있다. 우리는 실망하며 좌절된 꿈에 사로잡힌다. 대부분의 경우 문제 속에서 우리와 함께하시는 인격적인 하나님을 바라보지 못한다. 우리를 이끄시는 하나님의 이야기를 바라보지 않고, 어디로 가야 할지 확신도 없는 채, 길을 잃어버리고 만다.

이스라엘의 영광스러운 날들도 다 지나간 것처럼 보였다. 우상숭배와 부도덕함이 그 시대를 지배했다. 의로운 왕보다 악한 왕들이 더 많았다. 그러나 복음의 빛은 이스라엘을 계속 비추고 있었다. 하나님의 약속을 굳게 잡았던 사람들은 그분이 신뢰할 수 있는 분이심을 알았다. 우리는 누구를 그리고 무엇을 신뢰해야 하는가? 우리의 말과 지혜인가, 하나님의 말씀과 지혜인가? 우리는 하나님의 은혜로부터 멀어져 자신의 말과 지혜를 선택하기 쉬운 존재이기 때문에, 주님께서 우리를 도와주시길 간구해야 한다.

우리는 자연스레 하나님의 말씀을 듣지 않는다. 또한 자연스럽게 기도로 그분 앞에 나아가지 않는다. 그러나 우리는 하나님의 말씀을 듣고 그분께 나아가야 한다. 하나님의 도우심보다 더 큰 도움은 없다. 하나님이 아닌 그 누구에게도, 그 어느 곳에서도 승리는 없다. 그분을 떠나서는 용서도 없고, 우리 구세주의 발밑이 아니고는 회개하며 변화할 수 있는 자리도 없다.

영광의 날들이 지나갔는가?

지난 장에서 우리는 왕정 시대의 절정인 솔로몬왕을 보았다. 솔로몬의 봉헌 기도 속에 그 약속은 성취되었다(왕상 8:24). 슬프게도 그 영광의 날들은 오래가지 않았다. 솔로몬의 통치 기간 동안 나라의 상황은 악화되어 갔다(왕상 11장). 솔로몬이 죽은 뒤, BC 931년 통일 왕국은 북왕국(이스라엘)과 남왕국(유다)으로 나뉘었다(왕상 12:16-24).

이 시기 동안 엘리야와 엘리사는 북왕국에서 사역했다. 비록 선한 왕들이 소수 존재했지만, 북이스라엘과 남유다 왕 대다수는 여호와

보시기에 악을 행하였고 백성들을 반역으로 이끌었다. 이 시기에 하나님은 은혜와 자비 가운데 선지자를 세우셔서 백성들에게 다가올 심판을 선언하게 하심으로 그들이 악한 길에서 돌이켜 회개하도록 하셨다. 호세아와 아모스 선지자는 북이스라엘을 향해 선포했고, 이사야와 미가는 남유다를 향해 선포했다. 요엘, 오바댜, 요나 선지자도 그들의 메시지를 선포했다. 하지만 북이스라엘은 그 말씀을 듣지 않았고 BC 722년 앗수르에 멸망했다.

100여 년쯤 지난 후 남유다도 바벨론에 멸망했고, 백성들은 세 번에 걸쳐 포로로 끌려갔다(BC 605년, 597년, 586년). 두 번째 포로 시기에 마지막 다윗 계보의 왕인 여호야긴이 왕족들과 이스라엘의 지도층과 함께 바벨론에 끌려갔다. 이때 하나님의 약속은 좌절되고, 영광의 날들은 과거가 된 것처럼 보였다. 이 구속사의 시기에 주목할 만한 기도를 통해 하나님께 간구했던 두 선지자와 두 왕이 있었다. 그들은 바로 엘리야와 엘리사, 히스기야와 요시야였다.

과부의 아들을 위한 엘리야의 기도

북이스라엘을 22년 동안 다스렸던 악한 왕 아합에 대한 이야기에 이어 엘리야에 대한 소개가 나타난다. 아합의 아내 이세벨은 시돈 왕 엣바알의 딸로 아합을 바알 숭배로 이끌었다. "사마리아에 건축한 바알의 신전 안에 바알을 위하여 제단을 쌓으며 또 아세라 상을 만들었으니 그는 그 이전의 이스라엘의 모든 왕보다 심히 이스라엘 하나님 여호와를 노하시게 하였더라"(왕상 16:32-33).

여호와 하나님은 과거 애굽의 신들에게 자신의 능력을 보여 주시기 위해 모세를 일으키셨던 것처럼, 바알에게도 그 능력을 보여 주시기 위해 엘리야를 일으키셨다. 하나님은 그 땅에 가뭄이 들도록 명령하셨고 마침내 엘리야를 아합왕 앞으로 보내셨다. 가뭄이 든 동안 하나님은 엘리야를 사용하셔서 베니게 해변의 도시인 사르밧에 있는 과부의 삶 속에 자신의 능력을 나타내셨다(왕상 17장).

하나님은 이 과부를 사용하셔서 엘리야를 먹이도록 하셨다. 엘리야는 과부를 보고 빵 한 조각을 달라고 했다. 하지만 그녀에게는 매우 적은 양의 밀가루와 기름밖에 없었다. 그것으로 과부는 자신과 아들이 마지막으로 먹을 음식을 준비하려 했었다.

엘리야는 먼저 자신이 먹을 수 있는 작은 떡을 만들어 달라고 요청했다. 동시에 엘리야는 여호와 하나님께서 주시는 약속을 그녀에게 말해 주었다. "이스라엘의 하나님 여호와의 말씀이 나 여호와가 비를 지면에 내리는 날까지 그 통의 가루가 떨어지지 아니하고 그 병의 기름이 없어지지 아니하리라 하셨느니라"(왕상 17:14). 그 과부는 엘리야가 요청한 대로 행했고 여호와의 말씀은 이루어졌다.

이후 그 과부의 아들이 병들어 죽는 일이 생겼다. 그때 과부는 엘리야를 원망했다. "하나님의 사람이여 당신이 나와 더불어 무슨 상관이 있기로 내 죄를 생각나게 하고 또 내 아들을 죽게 하려고 내게 오셨나이까"(왕상 17:18). 엘리야는 과부의 아들을 침상으로 데려가 여호와 하나님께 부르짖었다.

"내 하나님 여호와여 주께서 또 내가 우거하는 집 과부에게 재앙을 내리사 그 아들이 죽게 하셨나이까 … 내 하나님 여호와여 원하건대 이 아이의 혼으로 그의 몸에 돌아오게 하옵소서 하니"(왕상 17:20-21).

엘리야가 기도하자 여호와는 그의 기도를 들으시고 아이를 다시 살려 주셨다(왕상 17:22).

이 이야기에서 주목해 볼 것은 하나님의 사람 엘리야가 이스라엘 국경 밖에 있던 베니게 여인에게 참되신 하나님에 관해 말하고 있다는 점이다. 하나님께서 아브라함에게 "땅의 모든 족속이 너로 말미암아 복을 얻을 것"(창 12:3)이라고 말씀하셨음을 기억하라. 구약성경 안에서 이 약속이 성취되는 하나의 예가 이곳에 기록된 것이다. 사르밧 과부는 "내가 이제야 당신은 하나님의 사람이시요 당신의 입에 있는 여호와의 말씀이 진실한 줄 아노라"(왕상 17:24)고 고백했다.

분명 그녀의 비난은 엘리야의 마음을 상하게 했을 것이다. 그러나 엘리야는 자신이 가야 할 곳을 알았다. 즉 기도로서 하나님께 나아가야 한다는 것을 알고 있었다. 그는 하나님의 언약의 이름, 여호와를 부르면서 그분을 자신의 하나님으로, 즉 "내 하나님"(왕상 17:20)이라고 부르짖었다. 그의 질문은 여호와를 향한 비난이 아니었다. 여호와의 이름을 변호하고 그녀에게 그분의 능력을 나타내시기를 원하는 믿음의 간구였다. 그는 여호와께서 죽음조차 넘어서는 그분의 능력을 보이셔서 그녀의 아들의 생명을 다시 살려 주시길 구했고, 여호와는 그렇게 하셨다.

하나님께서 죽은 자를 살리신 이 기적은 앗수르에 포로로 끌려가던 북이스라엘의 암울한 시대를 향해 또 다른 부활을 예고한다. 예수님은 야이로의 딸과 나사로를 죽음에서 일으키셔서 죽음을 넘어서는 그분의 능력을 나타내셨다(마 9:18-23; 요 11:1-44). 후에 예수님은 스스로 무덤에서 자신을 일으키심으로 같은 능력을 보여 주셨다(요 2:19-22; 10:17-18).

예수님은 죽음을 정복하고 하나님의 백성을 죽음에서 해방시키기 위해서 이 땅에 오셨다. 죽음은 구주 예수님을 무덤에 가둬 둘 수 없으며, 그분을 믿는 자들도 무덤에 가두지 못할 것이다. 예수님께서 다시 오실 때 그분은 우리의 몸을 부활시키셔서 우리의 영혼과 하나 되게 하실 것이다. 그로 인해 우리가 영화롭게 된(완전히 성화된) 몸으로 그분의 임재 가운데 서도록 하실 것이다.

당신의 삶에 맞닥뜨린 이해하기 힘든 하나님의 섭리에 대해 여호와 하나님과 다른 사람들을 비난하고 있는가? 죽음에서 부활하신 주님은 당신을 보시며 당신이 부르짖는 고통의 외침을 들으신다. 그분은 지금 당신에게 부족한 믿음을 채워 주실 것이다. 그분의 얼굴을 구하라! 그분의 말씀과 역사를 통해 그분의 능력을 나타내심을 신뢰하도록, 당신의 믿음을 굳건하게 해 달라고 간구하라!

의인의 간구

과부의 집에서 죽음에 맞선 엘리야의 기도는 사적인 것이었다. 이 사건은 엘리야를 아합왕과 공개적으로 마주할 수 있도록 준비시켰고, 기도의 능력에 대한 확신을 심어 주었다. 엘리야는 아합왕에게 온 이스라엘과 바알 선지자 사백오십 명 그리고 아세라 선지자 사백 명을 갈멜산으로 모으라고 말했다(왕상 18:19). 엘리야는 누가 참 신인지 나타낼 수 있는 대결을 준비했다. 불을 지피지 않은 제단 위에 송아지를 올려놓고 각자 신의 이름으로 기도할 때, 불로 응답하는 쪽이 참 신이라고 입증되는 것이다.

아침부터 정오까지 바알의 선지자들은 그들의 신을 깨우며 자신들에게 응답해 불을 내려 주기를 간절히 기도했지만, 바알은 그들을 돕지 않았다(정확하게 말하면 도울 수 없었다). 마침내 엘리야의 차례가 되었다. 그는 이스라엘 백성들에게 가까이 오라고 한 뒤, 제단 주위에 도랑을 만들고 네 개의 통에 물을 받아서 번제물과 나무 위에 부으라고 명령했다. 이로 인해 제물을 태우는 일은 더 어려워졌다. 그리고 엘리야는 이렇게 기도했다. "…아브라함과 이삭과 이스라엘의 하나님 여호와여 주께서 이스라엘 중에서 하나님이신 것과 내가 주의 종인 것과 내가 주의 말씀대로 이 모든 일을 행하는 것을 오늘 알게 하옵소서 여호와여 내게 응답하옵소서 내게 응답하옵소서 이 백성에게 주 여호와는 하나님이신 것과 주는 그들의 마음을 되돌이키심을 알게 하옵소서"(왕상 18:36-37).

그리고 여호와는 엘리야의 기도에 응답하셨고, 제단 위에 불을 내려 번제물뿐만 아니라 나무와 돌과 흙을 태우고 도랑의 물까지 모두 말려 버리셨다. "모든 백성이 보고 엎드려 말하되 여호와 그는 하나님이시로다 여호와 그는 하나님이시로다 하니"(왕상 18:39).

여호와 하나님께서 의인의 기도를 사용하셔서 자신의 백성의 마음에 회개를 일으키셨다. 엘리야는 언약의 이름, 여호와를 불렀다. 그리고 그는 아브라함과 맺으신 하나님의 언약이자 이삭과 이스라엘(야곱)에게 재확인된 그 언약의 맥락 속에서 기도했다. 엘리야의 관심은 여호와의 백성들이 그분만이 홀로 하나님이심을 깨닫는 데 있었다. 그는 하나님의 백성들이 회개하고 죄의 길에서 돌이켜 그분에게로 돌아오기를 갈망했다.

이 일 이후에 엘리야는 아합에게 "큰 비 소리"(왕상 18:41)가 있으니 올라가서 먹고 마시라고 말했다. 엘리야는 갈멜산 꼭대기에서 얼굴을 무릎 사이에 넣은 채 땅에 꿇어 엎드렸다. 그리고 비를 내려 달라고 기도했더니 큰 비가 내렸고 그렇게 가뭄은 끝났다. 여호와 하나님은 자신의 능력을 선지자의 기도에 대한 응답으로써 보여 주셨다.

야고보는 그의 서신에서 이 이야기를 언급한다. "엘리야는 우리와 성정이 같은 사람이로되 그가 비가 오지 않기를 간절히 기도한즉 삼 년 육 개월 동안 땅에 비가 오지 아니하고 다시 기도하니 하늘이 비를 주고 땅이 열매를 맺었느니라"(약 5:17-18). 야고보는 기도의 중요성을 강조하기 위해 이 이야기를 사용했다. "…의인의 간구는 역사하는 힘이 큼이니라"(약 5:16).

어떤 상황이라도 기도해야 한다. 당신이 고난당할 때 하나님의 인도하심을 구하라. 당신이 기쁠 때 그분의 축복을 찬양하라. 당신이 아플 때 교회의 지도자들에게 당신을 위해 기도해 달라고 요청하라. 당신이 범죄했을 때 하나님의 용서를 구하라. 기도하는 데 너무 작거나 너무 큰일은 없다. 하나님은 어느 때나 어디서나 모든 일에 관하여 온 마음을 다해 자신에게 나아오도록 우리를 초청하신다. 하나님은 그분의 자녀들의 기도 소리를 기뻐하시고 우리의 삶에 그분의 능력을 나타내시는 분이다.

하나님이 우리를 위하시면 누가 우리를 대적하리요

여호와 하나님은 엘리야 선지자를 회오리 바람으로 하늘로 올리셨다. 그의 후계자인 엘리사는 곁에 서서 그 광경을 지켜보았다(왕하 2:11-12). 엘리야가 이 땅을 떠나기 직전 엘리사는, 엘리야의 성령님이 하시는 역사의 갑절이 자신에게 있게 해 달라고 구했다. 그리고 엘리야는 하나님께서 자신을 데려가시는 것을 보면 그의 바람이 이루어질 것이라고 약속했다(왕하 2:9-10). 엘리야가 이스라엘의 병거와 그 마병과 함께 회오리 바람에 의해 하늘로 올라가는 것을 본 엘리사는, 하나님께서 엘리야에게 주신 능력의 갑절을 받았음을 알고 이스라엘에서 자신의 사역을 시작했다.

얼마 지나지 않아 아람 왕이 이스라엘을 치고자 했다. 엘리사는 사람을 보내어 이스라엘 왕을 위험으로부터 구하기 위해 여러 차례나 아람 사람들의 위치에 대해서 경고해 주었다. 아람 왕은 하나님의 선지자가 자신들의 위치를 누설하고 있다고는 생각도 하지 못했다. 그래서 자기 군대 가운데 반역자가 누구인지 찾아내려고 했다. 이에 그의 신하 중 한 사람은 군대 중에 반역자가 있는 것이 아니라 하나님의 선지자 엘리사가 그의 계획을 듣고 이스라엘 왕에게 알려 주는 것이라고 밝혔다(왕하 6:12). 이 말을 듣고 아람 왕은 엘리사를 사로잡기 위해 말과 병거와 많은 군사를 보냈다.

엘리사의 종은 그 군대를 보고 두려워하여 엘리사에게 "우리가 어찌하리이까"(왕하 6:15)라고 소리쳤다. 그러자 엘리사는 믿음으로 대답했다. "두려워하지 말라 우리와 함께 한 자가 그들과 함께 한 자보다 많으니라"(왕하 6:16). 그리고 겁에 질린 그의 종을 위해 하나님께 "여호와여 원하건대 그의 눈을 열어서 보게 하옵소서"(왕하 6:17)라고 기도했다. 하나님은 엘리사의 종의 눈을 열어 불말과 불병거가 엘리사를 둘러싸고 있는 것을 볼 수 있게 하셨다.

또 아람 군대가 엘리사를 향해 산에서 내려올 때 그는 "원하건대 저 무리의 눈을 어둡게 하옵소서"(왕하 6:18)라고 기도했고, 여호와는 그렇게 하셨다. 엘리사는 그들을 이스라엘 왕에게 데려갔다. 그들이 사마리아에 입성했을 때는 "여호와여 이 무리의 눈을 열어서 보게 하옵소서"(왕하 6:20)라고 기도했고, 여호와는 그렇게 하셨다. 이스라엘 왕은 쉽게 그들을 칠 수도 있었지만, 엘리사는 왕에게 그들을 죽이지 말라고 했다. 대신 아람 사람들을 돌려보내기 전에 잔치를 베풀어 향후 이스라엘을 공격하는 것을 막도록 지시했다(왕하 6:21-23).

성경에 기록된 기도문을 읽다 보면 기도가 너무 쉬워 보일 때가 있지 않은가? 엘리사의 기도는 간결했고, 믿음으로 가득 차 있었으며 모두 그가 구한대로 이루어졌다. 어떤 이들은 하나님을 '지니'와 같이 생각한다. 그래서 그들의 요청을 해결해 주시면 좋아하고, 그렇지 않으시면 화를 낸다. 기도에 관한 성경적인 결론을 내리기 위해, 우리는 이 이야기에서 어떤 일이 일어나고 있는지 자세히 살펴볼 필요가 있다.

엘리사는 구속사 속에 있는 그 시대를 위해 하나님께서 세우신 선지자였음을 기억하라. 특히 그는 북이스라엘이 포로기로 향하는 반역의 길 위에 있었던 때, 하나님의 진리를 선포하도록 기름 부음을 받았다(왕하 17장). 다시 말해, 엘리사는 신실하고 경건한 사람이었고, 그의 기도는 하나님의 말씀에 근거한 것이었다. 또한 엘리사가 먼저 자신이나 대적을 위해 기도하지 않고 자신의 종을 위해 기도했다는 점을 주목해 보라. 그는 자신의 종의 눈을 열어 하나님께서 엘리사를 둘러싸고 있는 거대한 영적 군대를 보게 하심으로 그 종의 믿음이 성장할 수 있도록 기도했다.

그 후에야 엘리사는 여호와 하나님께서 그의 적들의 눈을 멀게 해달라고 기도하여, 사마리아에 있던 여호람왕에게로 그들을 이끌고 갈 수 있었다. 그리고 혼란스러운 시기에 자신의 생명과 이스라엘을 위한 사역을 모두 보존할 수 있도록 그 문제를 평화롭게 끝낼 수 있었다. 그렇기에 엘리사의 기도는 자신의 보존에 관한 것이 아니라 하나님의 나라를 위한 것이었다.

그는 죽기 직전, 요아스가 통치하던 때에도 이스라엘에서 해야 할 일이 있었다(왕하 13:20). 더욱이 하나님의 응답은 구속사 안에서 그분의 더 크신 계획과 목적에 관한 것이었다. 하나님은 한 개인이 사사로이 부르는 '지니'가 아니시다. 그분은 주인이시며 우리는 그분의 종들이다. 하나님께서 그의 간구를 들어주신 것은 엘리사의 기도가 하나님의 뜻과 일치했기 때문이다.

자신의 종을 위한 엘리사의 기도는 아름다운 기도다. 우리 주변에도 두려움으로 가득 찬 사람들이 있다. 그들은 자신들을 대적하는 세력만 보고, 하나님의 전능하신 능력을 나타낼 기회는 전혀 보지 못한다. 그들은 원치 않은 고통과 충족되지 않은 기대, 이루지 못한 꿈에 직면했을 때 어떻게 해야 할지 모른다. 의사가 그들에게 비

관적인 진단을 내렸을 때, 결혼 생활에 문제가 생겼을 때, 연로하신 부모님이 치매 진단을 받았을 때 그들은 두려움에 괴로워한다. 그때 우리는 주님께서 그들의 눈을 열어, 그분의 능력과 보호하심과 공급하심이 그들과 함께하심을 볼 수 있게 해 달라고 기도해야 한다.

다른 사람들에게만 이 기도가 필요한 것은 아니다. 당신과 나에게도 그런 기도가 필요하다. 바울은 이렇게 기록했다.

"만일 하나님이 우리를 위하시면 누가 우리를 대적하리요 자기 아들을 아끼지 아니하시고 우리 모든 사람을 위하여 내주신 이가 어찌 그 아들과 함께 모든 것을 우리에게 주시지 아니하겠느냐 … 죽으실 뿐 아니라 다시 살아나신 이는 그리스도 예수시니 그는 하나님 우편에 계신 자요 우리를 위하여 간구하시는 자시니라 누가 우리를 그리스도의 사랑에서 끊으리요 환난이나 곤고나 박해나 기근이나 적신이나 위험이나 칼이랴 … 그러나 이 모든 일에 우리를 사랑하시는 이로 말미암아 우리가 넉넉히 이기느니라"(롬 8:31-32, 34-35, 37).

누구를 신뢰하겠는가?

북이스라엘의 여러 왕들이 세워졌다 사라지고, 엘리사도 죽었다. 그리고 북이스라엘은 BC 722년 앗수르에 멸망했다. 그들은 우상숭배에 빠졌고 부도덕한 삶을 살았기에, 결국 그들의 땅에서 쫓겨났다. 비극적이게도 남유다도 북이스라엘의 발자취를 따르고 있었다. 남유다는 바벨론 사람들의 손에 의해 그 땅에서 쫓겨날 것이었다. 그리고 바벨론에 포로로 끌려가는 세 번의 포로 시기(BC 605년, 597년, 586년) 중 첫 번째 사건이 일어날 때까지는 117년이 남아 있었다.

북이스라엘이 앗수르에 무너졌을 때 유다 왕 히스기야는 6년째 나라를 통치하고 있었다. 히스기야왕은 "이스라엘 하나님 여호와를 의지하였는데 그의 전후 유다 여러 왕 중에 그러한 자가 없었으니 곧 그가 여호와께 연합하여 그에게서 떠나지 아니하고 여호와께서 모세에게 명령하신 계명을 지켰"던(왕하 18:5-6) 사람이었다. 북이스라엘이 무너지고 8년 후 히스기야 통치 14년에 앗수르의 왕 산헤립은 유다를 공격했다(왕하 18:13).

앗수르의 지도자 중 한 사람은 유다를 향해 소리쳤다. "또한 히스기야가 너희에게 여호와를 의뢰하라 함을 듣지 말라 그가 이르기를 여호와께서 반드시 우리를 건지실지라 이 성읍이 앗수르 왕의 손에 함락되지 아니하게 하시리라 할지라도 너희는 히스기야의 말을 듣지 말라 앗수르 왕의 말씀이 너희는 내게 항복하고 내게로 나아오라 그리하고 너희는 각각 그의 포도와 무화과를 먹고 또한 각각 자기의 우물의 물을 마시라"(왕하 18:30-31).

앗수르 왕의 말이 옛날 동산에 있었던 뱀의 음성과 비슷하게 들리지 않는가? 히스기야는 두려움에 굴복하거나 싸움을 선택할 수도 있었지만, 대신 성전으로 들어가 선지자 이사야에게 유다의 남은 자를 위해 기도해 달라는 기별을 보냈다(왕하 19:4). 기별을 받은 이사야는 히스기야에게 격려의 편지를 보내 여호와께서 앗수르 왕을 그의 땅으로 돌아가게 하실 것이고 그곳에서 칼에 의해 죽게 하실 것임을 확신시켰다(왕하 19:6-7). 이사야의 편지를 받은 히스기야는 여호와 앞에서 편지를 펴 놓고 기도했다(왕하 19:14-19).

히스기야는 기도하면서 자신이 언약의 주님을 향해 기도하고 있음을 먼저 고백했다. "이스라엘의 하나님 여호와여 주는 천하 만국에 홀로 하나님이시라 주께서 천지를 만드셨나이다"(왕하 19:15). 예수님은 우리도 기도할 때 이렇게 시작하라고 가르치셨다. "하늘에 계신 우리 아버지여 이름이 거룩히 여김을 받으시오며"(마 6:9).

이어 히스기야는 이렇게 기도했다. "여호와여 귀를 기울여 들으소서 여호와여 눈을 떠서 보시옵소서…"(왕하 19:16). 그는 살아 계신 하나님을 조롱하고 여러 민족과 그들의 땅을 황폐하게 하는 악한 왕 산헤립과 마주하고 있는 상황을 봐 주시길 요청했다(왕하 19:16-18). 마지막으로 히스기야는 산헤립의 손에서 그들을 구원해 달라고 여호와께 간구했다. "우리 하나님 여호와여 원하건대 이제 우리를 그의 손에서 구원하옵소서 그리하시면 천하 만국이 주 여호와가 홀로 하나님이신 줄 알리이다 하니라"(왕하 19:19).

히스기야의 기도는 하나님의 거룩함과 공의에 부합했기 때문에 응답되었다. 그럼에도 가장 중요한 것은 여호와 하나님의 선언이다. "내가 나와 나의 종 다윗을 위하여 이 성을 보호하여 구원하리라"(왕하 19:34). 그날 밤 여호와의 사자는 18만 5천 명의 앗수르인들을 죽이셨고, 후에 산헤립은 앗수르로 돌아간 후 그의 아들들에 의해 죽임을 당했다(왕하 19:35-37).

참되고 다윗 계보의 영원한 왕이신 그리스도의 편에 있는 모든 이들은 하나님의 크신 이름을 위해 구원을 받을 것이다. 아버지께서 약속하신 구원은 그분의 아들 안에서 성취되었다. 예루살렘에서 만왕의 왕을 조롱하던 18만 5천 명을 죽이는 일 대신, 아버지께서 아들을 죽여 자기 백성의 구원을 이루신 날이 온 것이다. 세상이나 육체 또는 사탄이 이 세상의 일들로 당신을 유혹할 때 당신이 신뢰하는 여호와 하나님께로 나아가라. 그리고 분노, 중독, 분열, 술 취함, 원수됨, 질투, 우상숭배, 부도덕, 관능, 분쟁과 같은 것들로부터 당신을 구원해 달라고 간구하라.

원수들이 고난 중에 있는 당신에게 하나님을 떠나고 그분에 대한 믿음을 버리라고 조롱할 때, 하나님께 향하고 하나님만이 구원하실 수 있는 분임을 인정하라. 그리고 주님을 위해 봉사하는 당신에게 원수는 그 일이 아무런 성취 없는 헛된 노력일지도 모른다는 의심의 씨앗을 심을 수도 있다. 그때 신뢰함으로 주님 앞에 나아가라. 그리고 하나님께서 자신의 이름과 하나님의 아들의 이름을 위하여 당신을 사용하심을 인정하라. 하나님은 당신의 노력을 사용하셔서 복음의 열매를 맺게 하신다.

회개의 기도

히스기야가 죽은 후 므낫세는 55년 동안, 아몬은 2년 동안 나라를 다스렸다. 두 사람 모두 하나님 보시기에 악을 행하였다. 므낫세가 통치하는 동안 하나님은 유다를 향하여, 므낫세의 악으로 인해 미래에 그들을 적의 손에 넘기시겠다고 말씀하셨다(왕하 21:10-15). 그러나 포로기가 시작되기 전, 유다의 마지막 선한 왕인 요시야가 보좌에 올랐다. 요시야왕은 31년 동안 나라를 다스렸는데, 그동안 그는 하나님이 보시기에 정직하게 행하였으며 다윗왕의 길을 따랐다. 그는 성전을 수리하는 중에 율법책을 발견했다.

요시야가 율법책에 쓰인 여호와 하나님의 말씀을 들었을 때, 그는 회개하는 마음으로 그분 앞에서 스스로를 겸비하여 옷을 찢고 통곡했다. 그리고 하나님은 그의 기도를 들으셨다(왕하 22:19). 요시야의 기도가 다 기록되어 있지는 않지만, 성경은 여호와 하나님께서 그의 기도를 들으시고 예루살렘에 내리실 재앙을 그가 보지 않게 하실 것을 약속하셨다고 기록하고 있다. 요시야는 예루살렘이 멸망하기 전 평안히 장사될 것이었다(왕하 22:20).

요시야는 기도에 있어서 매우 중요한 겸손한 자세에 대해 가르쳐 준다. 그는 자신과 유다 백성들이 하나님의 은혜가 필요한 죄인임을 깨달았고, 자신들이 하나님의 말씀을 따르지 않았음을 인정했다. 그리하여 백성들을 회개와 개혁, 유월절의 회복으로 이끌었다. 그런데도 하나님은 진노를 거두지 않으셨다. 므낫세가 그분을 진노하게 함으로 말미암아, 그분은 자신이 택한 성 예루살렘과 "내 이름을 거기에 두리라"(왕하 23:27) 말씀하신 성전을 버리실 것이었다.

우리 자신의 마음을 살펴볼 때마다 하나님께서 어떻게 우리를 용서하실 수 있는지 궁금해하지 않을 수 없다. 우리 교회 안을 살펴봐도 그렇다. 그러나 예수님은 당신과 나 같은 죄인을 찾으시고 구원하시기 위하여 오셨다. 그렇기에 하나님의 말씀을 통해 죄를 깨달았다면 반드시 회개해야 한다. 야고보가 지적하듯 "하나님이 교만한 자를 물리치시고 겸손한 자에게 은혜를 주신다"(약 4:6).

우리도 요시야처럼 기도해야 한다. "슬퍼하며 애통하며 울지어다 너희 웃음을 애통으로, 너희 즐거움을 근심으로 바꿀지어다 주 앞에서 낮추라 그리하면 주께서 너희를 높이시리라"(약 4:9-10). 또한 여호와의 용서하심을 신뢰하고 그분의 은혜 안에 안식해야 한다. "만일 우리가 우리 죄를 자백하면 그는 미쁘시고 의로우사 우리 죄를 사하시며 우리를 모든 불의에서 깨끗하게 하실 것이요"(요일 1:9).

어쩌면 당신의 영광의 시절이 지나간 것처럼 느낄 수도 있고, 당신의 학업과 직업, 결혼, 사역, 양육에 관한 것들은 정점을 지난 듯 보일 수 있다. 어쩌면 주님께서 더 이상 당신과 함께하시지 않으며, 당신을 사용하시지 않고, 당신 가운데 강력한 일을 행하실 수 없다고 생각하며 답답한 마음을 갖고 있을지도 모른다. 하지만 엘리야와 엘리사 선지자, 그리고 히스기야왕과 요시야왕 시절에도 복음의 빛은 이스라엘을 비추고 있었다. 하나님의 약속을 굳게 붙잡고 있는 이들은 그분이 신뢰할 만한 분이심을 발견했다. 그리고 당신과 나도 동일한 하나님을 발견하게 될 것이다.

우리의 하나님께서 도우시는 것보다 더 큰 도움은 존재하지 않는다. 하나님이 아닌 그 누구에게도, 그 어느 곳에서도 승리는 없다. 그분을 떠나서는 용서도 없고 우리 구세주의 발밑이 아니고는 회개하며 변화할 수 있는 자리도 없다. 사랑하는 독자여 그리스도께로 달려가라.

더 깊은 묵상과 기도를 위한 질문

1. 당신의 인생에서 영광스러운 시절이 지나갔다고 느꼈던 때를 설명해 보라. 그런 어려움을 겪는 동안 기도는 어떤 도움이 되었는가?

2. 당신의 삶에 일어나는 가혹한 섭리로 인해 주님이나 주변 사람들을 원망하고 있는가? 죽은 자 가운데서 부활하신 주님께서 당신의 부르짖음을 듣고 계시며, 당신의 부족한 마음에 믿음을 주실 것을 기억하라. 이제 당신은 주님을 어떻게 찾을 것인가?

3. 다음의 목록을 작성하고 기도해 보라.

    - 고통을 받는 사람들의 이름을 기록하고 그들을 위해 기도하라.
    - 여호와께서 당신과 다른 사람들에게 주신 복들을 기록해 보고 하나님께 감사 기도를 드려라.
    - 당신의 죄를 적어 보고 하나님의 용서를 구하라.

4. 누군가 하나님은 왜 우리가 원하는 방식으로 응답하지 않으시는지 묻는다면 어떻게 대답하겠는가? 하나님은 신뢰할 수 있는 분임을 어떻게 가르쳐 줄 수 있겠는가?

5. 당신 주변에 두려움에 사로잡혀, 하나님께서 눈을 열어 주시고 그분의 능력과 보호하심과 공급하심을 보도록 기도해야 하는 사람이 있는가?

6. 어떤 상황에서 원수들이 하나님께 등을 돌리고 그분을 신뢰하지 말라며 조롱하는가? 어떻게 마음을 지켜 하나님을 향할 수 있겠는가?

7. 당신의 죄를 고백하고 하나님께 용서를 구하는 시간을 보내라.

8. 특정한 죄에 대해 하나님의 용서를 받아들이기 어려웠던 적이 있는가? 자신이 했던 말이나 행동을 하나님께서 용서하심을 믿지 못하는 친구를 어떻게 격려할 수 있겠는가?

9. 이 장에서 배운 내용을 토대로 하나님을 향한 기도문을 작성해 보라.

10. 야고보서 5장 13-16절을 암송해 보라.

7.
용서하시는 하나님
– 포로기부터 포로 귀환까지

하늘에 계신 아버지께 기도할 때, 우리는 아버지의 전능한 날개 아래에 거하며, 하나님은 우리의 피난처가 되신다. 그렇기에 나는 언제 어디서든 무엇이든 기도하면서 큰 위로를 얻는다. 하나님께 나아가며 나의 뜻을 그분께 복종시키고, 말씀을 따라 기도하며 나의 온 마음을 하나님의 영광과 은혜를 찬양하는 일에 쏟아부을 때 나는 큰 안도감을 갖는다. 그러나 내가 항상 기도를 이해했던 것은 아니다. 때때로 나는 내 기도가 어떤 변화를 가져오는지 궁금했고, 스스로 이렇게 질문했다. **만약 하나님이 주권자이시고 그분의 계획이 이미 정해져 있다면, 나의 기도는 어떤 역할을 하는 것인가?**

성경은 우리가 기도해야 하고 우리의 기도가 중요하다고 분명하게 말하고 있다. 하나님은 그분의 목적과 계획을 이루시기 위한 수단으로 우리의 기도를 사용하시며, 우리의 기도를 그분의 계획의 일부로 정하셨다. 하나님의 구원과 회복이라는 계획을 진전시키는 데 있어서 우리의 기도는 중요한 역할을 한다. 기도는 하나님께서 자신의 계획을 성취하시려고 은혜롭게 사용하시는 수단이다.

하나님의 종이자 선지자였던 다니엘은 그의 기도가 중요하다는 사실을 알았다. 다니엘은 하나님께서 자신의 기도를 기뻐하시며 기도할 때 들으시고 응답하심을 알고 있었다. 다니엘은 이 사실을 어떻게 알았을까? 그 이유는 그가 하나님의 말씀을 알았기 때문이다.

"내 이름으로 일컫는 내 백성이 그들의 악한 길에서 떠나 스스로 낮추고 기도하여 내 얼굴을 찾으면 내가 하늘에서 듣고 그들의 죄를 사하고 그들의 땅을 고칠지라"(대하 7:14).

제사장이자 모세의 율법에 능통한 서기관이었던 에스라와 아닥사스다왕의 술 맡은 관원장이었던 느헤미야도 이 사실을 알고 있었다. 이번 장에서 우리는 이 경건한 세 사람의 기도를 살펴보고, 그들의 기도를 하나님께서 자신의 계획과 목적을 성취하시기 위해 사용하셨음을 확인할 것이다.

좌절된 것처럼 보이는 하나님의 약속들

지난 장에서 우리는 요시야가 유다를 통치했던 31년 동안 그가 했던 기도와 개혁에 대해 배웠다. 요시야가 여호와의 길로 행했음에도 불구하고, 남유다는 므낫세의 악함으로 인해 바벨론의 포로로 사로잡혀 가는 일은 피할 수 없었다(왕하 21:10-15). 요시야는 전쟁을 치르다 애굽 왕 느고의 손에 죽었고, 그 이후 그의 아들 여호아하스가 왕이 되었다. 3개월이 지난 뒤 느고는 여호아하스를 왕좌에서 끌어내리고 요시야의 다른 아들 여호야김을 왕위에 세웠다. 그리고 여호야김은 11년 동안 유다를 통치했다. 여호야김이 다스리던 때에 하나님은 갈대아인(바벨론인), 시리아인, 모압인, 암몬인을 보내 유다를 대적하게 하셨는데, 이는 므낫세의 죄로 인해 유다를 파멸하시기 위함이었다(왕하 24:2-4).

여호야김이 죽은 뒤 그의 아들 여호야긴이 왕위에 올라 3개월을 다스렸다. 그때 예루살렘은 바벨론에게 포위당했고, 다윗 계보의 마지막 정통 후계자인 여호야긴은 바벨론 왕에게 항복하고 끌려갔다. 바벨론 왕은 여호야긴의 삼촌 시드기야를 왕으로 삼았고, 시드기야는 BC 586년 바벨론에 의해 유다가 완전히 함락되기 전까지 11년 동안 통치했다.

포로 시기 동안 하나님은 긍휼하심 가운데 다니엘과 에스겔을 세워 하나님의 백성들을 향해 예언하도록 하셨다(예레미야는 같은 시기에 이미 예언을 하고 있었다). 다니엘과 에스겔은 포로로 잡혀간 이들을 향해 심판과 회복의 말씀을 선포했다. 하나님은 여전히 언약의 약속에 신실하실 것이고 그들의 하나님이 되시며, 그들은 하나님의 백성이 될 것이다. 예레미야와 에스겔은 모두 새 언약의 약속을 선포했는데, 이는 그리스도께서 죽으시기 전 제자들과 유월절 만찬을 기념하시면서 선언하신 언약이었다(렘 31:31-34; 겔 37:21, 26; 눅 22:19-20).

새 언약에는 일곱 가지 약속이 포함되어 있었고, 하나님은 이 내용들을 약속하셨다. 첫째, 그분의 백성이 약속의 땅으로 돌아오게 될 것. 둘째, 땅을 회복하실 것. 셋째, 아담, 노아, 아브라함, 모세, 다윗과의 약속을 실현하실 것. 넷째, 새로운 마음을 주실 것. 다섯째, 죄를 제거하실 것. 여섯째, 예수 그리스도라는 한 분의 통치자 아래에서 이스라엘과 유다가 재결합하게 될 것. 마지막, 구원을 이루실 것(이는 최후의 언약이며 이로써 구원을 보장하셨다)이었다.

하지만 포로로 생활하는 동안, 심지어 에스라와 느헤미야 시대에도 새 언약에 관한 하나님의 약속은 좌절된 듯 보였다. 이렇게 어려운 시대 속에서 하나님의 백성은 자신들의 믿음을 기도 가운데 어떻게 나타냈는가? 우리는 먼저 다니엘의 고백기도를 살펴볼 것이다.

다니엘의 고백기도

다니엘이 다니엘 9장 1-15절에 기록된 기도를 했을 당시, 그는 여전히 바벨론에 살고 있었다. 다니엘은 오랫동안 망명자로 살았다. 아마 이 기도를 했을 당시 다니엘은 80세쯤 되었을 것이다. BC 539년 바벨론은 고레스가 이끄는 바사에 함락되었고, BC 538년 고레스 칙령에 따라 첫 번째 포로 귀환이 이루어져, 귀환자들이 예루살렘으로 돌아갔다. BC 536년 그들은 성전을 재건했지만, BC 536년부터 530년까지 많은 반대를 겪으며 10년(BC 530-520년) 동안 성전 재건을 중단하게 되었다. BC 520년에 에스라의 인솔 아래 성전 재건이 다시 시작되었고, BC 516년에 성전을 재건했다.

다리오 원년(BC 539년), 다니엘은 예레미야 25장 8-14절과 29장 10-14절에 기록된 예언을 읽으며 이스라엘이 70년 동안 포로 생활을 하게 될 것을 깨달았다. 그리고 70년이라는 시간의 끝이 다가왔음을 알았을 것이다.

"여호와께서 이와 같이 말씀하시니라 바벨론에서 칠십 년이 차면 내가 너희를 돌보고 나의 선한 말을 너희에게 성취하여 너희를 이 곳으로 돌아오게 하리라 여호와의 말씀이니라 너희를 향한 나의 생각을 내가 아나니 평안이요 재앙이 아니니라 너희에게 미래와 희망을 주는 것이니라 너희가 내게 부르짖으며 내게 와서 기도하면 내가 너희들의 기도를 들을 것이요 너희가 온 마음으로 나를 구하면 나를 찾을 것이요 나를 만나리라 이것은 여호와의 말씀이니라 나는 너희들을 만날 것이며 너희를 포로된 중에서 다시 돌아오게 하되 내가 쫓아 보내었던 나라들과 모든 곳에서 모아 사로잡혀 떠났던 그 곳으로 돌아오게 하리라 이것은 여호와의 말씀이니라"(렘 29:10-14).

이 말씀은 분명히 메마른 마음에 부어지는 샘물과 같았을 것이다.

하나님은 자신의 백성을 향한 약속, 미래와 소망에 대한 약속을 다니엘에게 상기시키셨다. 포로 생활이 그들의 최후가 아니며, 이 또한 거의 끝나 가고 있음을 알려 주셨다. 그리고 하나님은 다니엘에게 기도하도록 하셨고, 그는 기도했다.

다니엘은 금식하고, 베옷을 입고 재를 뿌리면서 겸손한 마음으로 여호와 하나님을 향해 얼굴을 돌렸다. 솔로몬이 여호와의 성전과 왕궁을 완성했을 때, 여호와께서 솔로몬에게 나타나셔서 이렇게 말씀하셨다. "내가 이미 네 기도를 듣고 이 곳을 택하여 내게 제사하는 성전을 삼았으니 혹 내가 하늘을 닫고 비를 내리지 아니하거나 혹 메뚜기들에게 토산을 먹게 하거나 혹 전염병이 내 백성 가운데에 유행하게 할 때에 내 이름으로 일컫는 내 백성이 그들의 악한 길에서 떠나 스스로 낮추고 기도하여 내 얼굴을 찾으면 내가 하늘에서 듣고 그들의 죄를 사하고 그들의 땅을 고칠지라"(대하 7:12-14).

비록 바벨론에 하나님의 성전은 없었으나, 하나님께서 그분의 백성을 버리신 것은 아니었다. 하나님께서 그분의 백성을 여러 나라 가운데로 흩으셨으나, 그들이 흩어진 곳에서 하나님은 그들을 위한 성소가 되실 것이었다(겔 11:16). 다니엘은 하나님의 백성이 회개와 믿음으로 하나님께 부르짖을 때 하늘에서 듣고, 그들의 죄를 용서하시며, 그 땅을 고치실 것이라는 하나님의 약속을 기억했다.

첫 번째로 다니엘은 기도하며 하나님이 어떤 분이신지 인정했다. "크시고 두려워할 주 하나님, 주를 사랑하고 주의 계명을 지키는 자를 위하여 언약을 지키시고 그에게 인자를 베푸시는 이시여"(단 9:4). 하나님의 언약은 그분의 아들 예수 그리스도의 사역을 통하여 그 백성들을 구속하시고 회복시키시고자 하시는 하나님의 위대한 사랑의 근거가 된다.

두 번째로 다니엘은 죄를 고백했다. "우리는 이미 범죄하여 패역하며 행악하며 반역하여 주의 법도와 규례를 떠났사오며"(단 9:5). 주목할 것은, 다니엘은 하나님께 신실했음에도 불구하고 자기 자신을 그 백성 가운데 포함시켰다는 점이다. 다니엘은 자신도 거룩하신 하나님 앞에 범죄했음을 알았다. 그는 자신을 유다 백성들과 함께 분투하는 사람이자 죄인으로 여겼다. 다니엘은 자신의 민족의 악함, 반역, 죄악, 불법과 그들이 율법으로부터 떠났음을 인정했다.

세 번째로 다니엘은 다른 죄를 고백했다. "우리가 또 주의 종 선지자들이 주의 이름으로 우리의 왕들과 우리의 고관과 조상들과 온 국민에게 말씀한 것을 듣지 아니하였나이다"(단 9:6). 하나님은 선지자들을 이스라엘의 왕과 방백들과 조상들 그리고 그 땅의 모든 백성들에게 보내어 말씀하게 하셨다. 하지만 그들은 선지자들의 경고에 귀를 기울이지 않았고, 오히려 우상숭배와 부도덕함에 빠져 있었다.

네 번째로 하나님과 그 백성을 대조했다(단 9:7-10). 하나님은 의로우시지만 그 백성들은 죄로 인해 수치를 당했다. 또한 그분은 자비로우시며 용서하시지만 백성들은 반역하며 불순종했다.

다섯 번째로 다니엘은 하나님께서 모세에게 율법을 주시고 백성들에게 순종할 때의 복과 불순종할 때의 저주에 대해 말씀하셨던, 이스라엘 민족의 시작에 대해 이야기했다(단 9:11-14). 하나님은 이스라엘에 재앙을 내리심으로 하나님의 말씀을 성취하셨고, 다니엘은 이 점을 알리며 하나님의 신실하심을 인정했다. 하지만 이스라엘은 여전히 회개하지도 않았고, 여호와 하나님의 얼굴을 구하지도 않았다. 그들은 하나님의 진리를 깨닫지 못했다.

여섯 번째로 여호와의 이적들을 고백하며 하나님의 백성의 완악함을 인정했다. "강한 손으로 주의 백성을 애굽 땅에서 인도하여 내시고 오늘과 같이 명성을 얻으신 우리 주 하나님이여 우리는 범죄하였고 악을 행하였나이다"(단 9:15). 애굽에서의 구원과 바벨론에서의 구원 모두 이 세상의 임금인 사탄과 그의 통치로부터의 구원이라는 더 크고 최종적인 구원을 가리킨다. 이 구원은 그리스도께서 이 땅에 오셨을 때 시작되었고, 다시 오실 때에 완성될 것이다.

일곱 번째로 다니엘은 하나님의 백성이 열방 중에 해야 하는 그들의 역할을 성취하지 못했음을 깨달았다. "…이는 우리의 죄와 우리 조상들의 죄악으로 말미암아 예루살렘과 주의 백성이 사면에 있는 자들에게 수치를 당함이니이다"(단 9:16). 그래서 그는 "주를 위하여 주의 얼굴 빛을 주의 황폐한 성소에 비추시옵소서"(단 9:17)라고 구했다. 이스라엘은 제사장 나라이자 거룩한 백성으로 다른 이들을 하나님께로 인도하는 열방의 빛이 되어야 했지만(출 19:6), 슬프게도 그들은 사면에 있는 자들에게 수치를 당하게 되었다.

이것이 그들이 포로로 잡혀가고 여러 나라 가운데로 흩어지게 된 이유다. 처음부터 하나님의 계획은 단지 이스라엘에만 국한되지 않은, 더 큰 것이었다. 하지만 그들은 열방에 증인이 되라는 사명을 성취하지 못했고, 하나님은 그들의 땅에서 쫓아내셨다. 그리고 다니엘과 그의 세 친구와 같은 신실한 증인들을 통해 "땅의 모든 족속이 너로 말미암아 복을 얻을 것이라"(창 12:3)고 아브라함에게 주신 하나님의 약속이 바벨론에서 부분적으로 성취되었다.

이스라엘이 사면에 있는 자들에게 수치를 당하게 되자, 다니엘은 하나님의 이름을 위해 그분의 얼굴을 예루살렘 성소에 비추시사 그 성소를 다시 세워 주시고, 하나님의 백성이 그분의 명령을 따라 다시 하나님을 섬기고 예배할 수 있게 해 달라고 간청했다.

마지막으로 다니엘은 여호와를 향해 이렇게 간청했다. "나의 하나님이여 귀를 기울여 들으시며 눈을 떠서 우리의 황폐한 상황과 주의 이름으로 일컫는 성을 보옵소서 우리가 주 앞에 간구하옵는 것은 우리의 공의를 의지하여 하는 것이 아니요 주의 큰 긍휼을 의지하여 함이니이다"(단 9:18).

다니엘의 기도는 하나님의 자비하심에 근거하며, 하나님의 이름을 위하여 그분의 용서와 관심과 신속한 역사를 간청했다. "주여 들으소서 주여 용서하소서 주여 귀를 기울이시고 행하소서 지체하지 마옵소서 나의 하나님이여 주 자신을 위하여 하시옵소서 이는 주의 성과 주의 백성이 주의 이름으로 일컫는 바 됨이니이다"(단 9:19).

다니엘의 기도에 응답하시는 하나님은 얼마나 신실하신가! 그나마 남은 자들이 돌아와 다시 하나님을 예배할 수 있게 되었지만, 참된 성전은 그리스도께서 오셨을 때, 즉 하나님이신 분께서 육체를 입고 이 땅에 오셔서 그 백성 가운에 거하심(문자적으로 '장막을 치신')으로 이루어졌다(요 1:14).

하나님은 그분의 백성에게 하나님의 임재를 가리키는 물리적인 성전을 보여 주심으로써 구속과 회복의 계획을 추진하셨다. 이런 하나님의 임재는 참 성전이신 그리스도께서 오심으로 이루어질 것이었다. 이는 바로 요한이 요한계시록 21장 22절의 새 하늘과 새 땅의 환상 가운데 성전을 보지 못한 이유다. "주 하나님 곧 전능하신 이와 및 어린 양이 그 성전이"시기 때문이다. 에덴동산에서의 하나님의 임재, 광야 생활과 초기 가나안 생활 속에 세워졌던 성막, 솔로몬이 예루살렘에 건축했던 성전은 모두 참된 성전의 최종 실현, 즉 예수 그리스도 안에 있는 하나님의 임재를 가리킨다.[1]

큰 죄악

포로기 이후 하나님은 학개, 스가랴, 말라기 선지자들을 일으키셔서 하나님의 백성을 향해 계속 말씀하셨다. 비록 하나님의 약속의 완전한 성취는 예수 그리스도께서 오실 때까지 기다려야 했지만, 학개, 스가랴, 말라기 선지자들의 시대에 사역했던 에스라와 느헤미야의 리더십 아래에서 성전과 백성들 그리고 땅의 부분적인 회복이 이루어졌다.

에스라가 예루살렘에 도착하고 4-5개월 후, 이스라엘의 지도자들은 백성들이 이방인들과 스스로를 구별시키지 않고 오히려 그들과 통혼했다는 사실을 알려 주었다. 하나님은 이러한 통혼을 금지시키셨을 뿐만 아니라 그 결과로 어떤 일이 일어날지 경고하셨다(출 34:11-16; 신 7:1-11). 주님은 이스라엘을 구속하여 그분의 소유로 삼으셨고, 그들의 사랑을 질투하셨다. 결국 우상을 숭배하는 이들과의 통혼은 이스라엘 백성들에게 심판을 가져올 올무가 되었다.

하나님께 반역하는 길을 걷지 않았다면, 이스라엘 백성들은 여호와 하나님을 위한 제사장 나라이자 거룩한 백성이 되었을 것이다. 그러나 안타깝게도 포로로 잡혀가기 전 이스라엘이 반역했던 것처럼, 돌아온 백성들도(고레스왕의 통치 아래에서 귀환한 첫 번째 귀환자들) 반역했다. 통혼은 일부의 문제가 아니라 관리들, 지도자들, 제사장들, 레위인들 그리고 대부분의 이스라엘 백성들 사이에서 일어난 문제였다. 이런 반역에 대한 에스라의 반응은 체념이 아니라 회개였다. 에스라는 자신이 언약 공동체의 일원이기 때문에 백성들의 죄를 회개할 책임이 있다는 사실을 깨달았다.

에스라의 기도는 우리에게 귀감이 된다. 에스라는 죄에 대한 자신의 수치와 굴욕을 표현하며 기도를 시작했다. "나의 하나님이여 내가 부끄럽고 낯이 뜨거워서 감히 나의 하나님을 향하여 얼굴을 들지 못하오니 이는 우리 죄악이 많아 정수리에 넘치고 우리 허물이 커서 하늘에 미침이니이다"(스 9:6) 에스라는 하나님의 거룩하심과 인간의 반역을 이해했다. 그리고 이스라엘의 반역의 역사 전체와 포로 생활의 결과를 돌아보았다(스 9:7). 그는 남은 자들을 통해 폐허가 된 성전을 재건하고 하나님의 말씀으로 통치 받는 백성들이 돌아오게 하시는 하나님의 은혜를 인식했다(스 9:8-9).

마지막으로 에스라 9장 10-15절에서 보듯, 그는 이스라엘이 하나님의 은혜에 대해 감사하며 순종하지 않고 불신앙으로 반응한 것에 대해 애통해했다. "이스라엘의 하나님 여호와여 주는 의로우시니 우리가 남아 피한 것이 오늘날과 같사옵거늘 도리어 주께 범죄하였사오니 이로 말미암아 주 앞에 한 사람도 감히 서지 못하겠나이다 하니라"(스 9:15).

제사장이자 이스라엘의 중보자로서 에스라는 기도를 통해 최종적이고 완전한 제사장이자 하나님의 백성의 중보자인 예수님을 기대한다. 예수님은 예루살렘의 패역한 백성들을 위해 눈물을 흘리시며 그들이 하나님의 은혜의 날을 깨닫기를 갈망하셨다. 그러나 그들은 전혀 깨닫지 못했다. 그럼에도 사도행전의 첫 번째 장을 보면 백이십 명의 남은 자들이 있다는 것을 볼 수 있다.

하나님의 은혜는 결코 실패하지 않는다. 구원에 관한 하나님의 계획은 성공할 것이다. 베드로는 하나님의 백성에게 이렇게 말한다.

"그러나 너희는 택하신 족속이요 왕 같은 제사장들이요 거룩한 나라요 그의 소유가 된 백성이니 이는 너희를 어두운 데서 불러 내어 그의 기이한 빛에 들어가게 하신 이의 아름다운 덕을 선포하게 하려 하심이라 너희가 전에는 백성이 아니더니 이제는 하나님의 백성이요 전에는 긍휼을 얻지 못하였더니 이제는 긍휼을 얻은 자니라"(벧전 2:9-10).

기도로 준비하기

BC 458년 아닥사스다왕이 통치하던 때에 에스라가 예루살렘에 도착했고, BC 445년 하나님께서 느헤미야를 일으키셔서 예루살렘 성벽을 재건하게 하셨다. 이 역시 아닥사스다 통치 때 일어난 일로, 느헤미야는 술 맡은 관원장이라는 특권층으로 일하고 있었다.

느헤미야는 그의 형제로부터 예루살렘으로 돌아간 이들과 예루살렘의 형편이 좋지 않은 상황임을 알게 되었다. 암울한 소식은 그의 가슴을 아프게 했고, 그는 울면서 모든 것을 바로잡을 수 있는 유일한 분이신 하나님 앞에 금식하며 기도했다. 느헤미야의 기도는 느헤미야 1장 5-11절에 기록되었고, 그의 기도는 하나님께 드리는 기도의 여러 가지 측면에 대해 가르쳐 준다.

느헤미야의 기도는 하나님이 어떤 분이신지에 대한 고백으로 시작한다. "이르되 하늘의 하나님 여호와 크고 두려우신 하나님이여 주를 사랑하고 주의 계명을 지키는 자에게 언약을 지키시며 긍휼을 베푸시는 주여 간구하나이다"(느 1:5).

이어 느헤미야는 자신도 친족들과 함께 죄인이었음을 깨달았다. "…나와 내 아버지의 집이 범죄하여 주를 향하여 크게 악을 행하여…"(느 1:6-7). 그는 자신과 자신의 가족도 다른 이들과 마찬가지로 범죄했음을 알고 있었다. 느헤미야는 친족들과의 관계가 언약적이라는 사실을 인지하고, 기도할 때 '그들' 대신에 '우리'라는 표현을 사용했다.

그리고 느헤미야는 하나님의 말씀과 그분의 사역을 인식하고, 이를 근거로 자신의 청원을 드렸다(느 1:8-10). 그는 모세를 통해 백성들의 회개 후에 땅의 회복을 약속하신 주님의 말씀을 떠올렸다. "만일 내게로 돌아와 내 계명을 지켜 행하면 너희 쫓긴 자가 하늘 끝에 있을지라도 내가 거기서부터 그들을 모아 내 이름을 두려고 택한 곳에 돌아오게 하리라 하신 말씀을 이제 청하건대 기억하옵소서"(느 1:9). 또한 느헤미야는 출애굽의 역사, 여호와께서 이스라엘을 애굽에서 구원하시고 홍해를 건너게 하셨던 일을 떠올렸다(느 1:10).

마지막으로 느헤미야는 오직 하나님만이 자신을 왕 앞에 호의를 얻게 하시고 그의 요청을 허락하게 하실 수 있는 분임을 깨달았다(느 1:11). 이는 여호와 하나님께서 느헤미야에게 허락하신 호의였다(느 2:5-8).

느헤미야의 기도는 죄와 죽음과 사탄으로부터 우리를 구원하셔서 새로운 마음과 이름을 가진 새로운 피조물로 만드시는 언약의 주이자 종이신 그리스도를 바라본다. 이 위대한 구원으로 인해 예수님은 은혜의 보좌로 나아가는 길을 다시 여셨다. 그리고 우리는 은혜의 보좌에서 우리를 은혜와 자비로 맞아 주시며, 우리의 기도를 세심히 들으시는 하나님을 발견하게 된다. 그리고 이 일은 하나님의 아들이신 예수님의 중보로 가능해지는 것이다.

우리가 그분 앞으로 나아갈 때 우리는 그분이 누구신지(전능하신 하나님), 우리가 누구인지(은혜가 필요한 죄인), 하나님의 말씀과 사역, 그리고 그분께서 행하시는 능력을 인정할 필요가 있다. 하나님께서 그분의 백성의 편에서 일하시는 분임을 신뢰하며 바라볼 때, 우리는 하나님 앞에 겸손한 자세를 갖게 되고 우리 믿음의 근거를 하나님의 말씀에 두게 된다.

고백의 기도

많은 반대에도 불구하고 느헤미야는 백성들을 이끌고 성벽을 재건했고 그 일을 마칠 수 있었다. 나팔절, 속죄일, 초막절 후에 이스라엘 백성들은 함께 모여 여호와께 죄를 자백하며 그분과의 언약을 갱신했다. 하루의 사분의 일은 모세의 율법(성경의 처음 다섯 권)을 읽었고 또 다른 사분의 일은 레위인들의 인도 아래에 회개하고 예배하며 보냈다. 이 고백의 기도 속에서 하나님, 하나님의 언약, 그 언약에 대한 그들의 반응에 관해 여러 가지를 배울 수 있다(느 9:6-38).

우리는 하나님에 대해 배운다. 모든 것의 창조자이시자 보존자는 오직 언약의 여호와 한 분뿐이다. 여호와는 자신의 백성을 애굽에서 인도해 내시고, 광야에서 그들에게 필요한 것들을 공급하시며 보호하셨고, 약속의 땅으로 인도하신 구원자이시다. 여호와는 이스라엘의 참 하나님이시며 "시내 산에 강림하시고 하늘에서부터 그들과 말씀하"신(느 9:13) 분이다. 또한 이미 그들 가운데 성취하셨던 구원의 빛 아래에서 이스라엘이 어떻게 살아야 할지 보여 주는 율법을 주신 분이다.

우리는 이 기도를 통해 성령 하나님에 대해 배우게 된다. 광야에서의 40년 동안 "주의 선한 영을 주사 그들을 가르치"셨다(느 9:20). 여호와 하나님은 또한 "주께로 돌아오기를 권면하는 선지자들"(느 9:26)을 통해 포로로 잡혀간 백성들에게 계속해서 경고하셨다. 또한 우리는 하나님의 징계에 대해서도 배운다. 하나님은 사랑하는 이들을 징계하시고 그들이 돌이켜 언약의 신실함으로 향하게 하신다. 하나님은 불순종에는 대가가 따르며, 이스라엘의 경우 그 땅에서 추방당하는 결과가 따를 것이라고 경고하셨다.

우리는 하나님의 언약에 대해 배운다. 하나님은 사랑과 은혜로 아브라함을 택하셔서 특별한 백성으로 삼으셨고, 이방 땅 우르에서 그를 구원하셨다. 하나님은 "그의 마음이 주 앞에서 충성됨을 보시고 그와 더불어 언약을 세우"셨다(느 9:8). 하나님은 아브라함에게 네 가지를 약속하셨다(그분의 임재, 특별한 백성, 소유[약속의 땅], 목적[만왕의 왕이 그의 혈통을 통해 오게 될 것]). 행하시는 모든 것이 의로우신 여호와는 그분의 약속을 완전히 지키신다.

"…그 말씀대로 이루셨사오매 주는 의로우심이로소이다"(느 9:8).

이것이 바로 하나님께서 용서하시는 하나님이시며 은혜로우시며 긍휼히 여기시며 더디 노하시며 인자가 풍부하신 이유다. 하나님은 심지어 그분의 백성이 언약을 깬다고 하더라도 그 약속을 저버리지 않으신다. 하나님의 언약은 그 백성들의 행위에 기초한 것이 아니라, 그분의 약속에 기초한 것이기 때문이다.

우리는 하나님의 언약에 대한 이스라엘의 반응에 대해 배운다.

"그들은 순종하지 아니하고 주를 거역하며 주의 율법을 등지고 주께로 돌아오기를 권면하는 선지자들을 죽여 주를 심히 모독하였나이다"(느 9:26).

이스라엘은 건방졌고, 완고했으며, 하나님의 명령에 불순종했다. 그들은 하나님의 기적들을 생각하지 않고 애굽으로 돌아가고자 했다. 또한 인내하지 못하고 하나님께서 말씀하신 방법대로 하나님을 예배하지 않고 우상을 만들어 섬겼다. 어느 때에는 그들이 잘하고 있는 것처럼 보였다. 특히 여호수아 시대에는 순종하는 듯 보였다. 그러나 사사 시대에는 왕이 없으므로 모두가 자기 소견에 옳은 대로 행했다. 그들은 하나님의 선지자들을 살해하고, 하나님을 모독했고, 악을 행하였다. 그들은 고통이 극심하여 하나님께 부르짖는 순간이 될 때까지 악을 행했다. 그리고 그때마다 하나님은 구원자를 보내셔서 그들의 대적들로부터 이스라엘을 건지셨다. 하지만 이것이 지속되지는 않았다.

"그들이 평강을 얻은 후에 다시 주 앞에서 악을 행하므로 주께서 그들을 원수들의 손에 버려 두사 원수들에게 지배를 당하게 하시다가 그들이 돌이켜 주께 부르짖으매 주께서 하늘에서 들으시고 여러 번 주의 긍휼로 건져내시고"(느 9:28).

이스라엘이 포로로 끌려가는 저주를 당할 때까지 그들의 역사 속에서 이런 순환은 반복되었다.

이를 보고, 에스라와 느헤미야의 세대들은 여호와 앞에 겸손히 나아갔다. 그들은 여호와께서 위대하시며 놀라우신 언약을 지키시는 하나님이심을 알았다. 또한 그들은 자신들이 이전 세대들과 함께 하나님 앞에 언약을 깨뜨린 자들로 서 있다는 것도 깨달았다. 그래서 그들은 하나님의 율법을 듣고 순종하기를 원하는 새로운 세대로서 하나님께 대한 언약적 헌신을 갱신했다.

언약 갱신에 대한 간절한 기도가 끝나 갈 때쯤에 우리의 눈은 하나님께서 하실 일들을 기대하며 위를 향하게 된다.

> "우리가 오늘날 종이 되었는데 곧 주께서 우리 조상들에게 주사 그것의 열매를 먹고 그것의 아름다운 소산을 누리게 하신 땅에서 우리가 종이 되었나이다 … 우리가 이 모든 일로 말미암아 이제 견고한 언약을 세워 기록하고 우리의 방백들과 레위 사람들과 제사장들이 다 인봉하나이다 하였느니라"(느 9:36, 38).

에스라의 세대는 정말 자신들이 이전 세대들과 다르게 행동할 것이라고 믿었을까? 그들은 정말 자신들이 언약을 지킬 수 있으리라 생각했을까? 그들은 머지않아 그럴 수 없음을 깨닫게 될 것이다. 그들은 다시 하나님의 집을 버리고, 안식일을 어기며, 이방 여인들과 결혼하고, 제사장 직분을 더럽히게 될 것이다(느 13:11, 17-18, 27, 29). 그러면 하나님의 언약은 어떻게 되는가? 어떤 사람이 언약을 지킬 수 있는가?

예수님은 하나님이자 인간으로 오셨다. 언약의 주인으로서 은혜와 자비를 베푸시고, 언약의 종으로서 완벽하게 언약을 성취하셨다. 이스라엘은 계속해서 실패했지만, 예수님은 이루셨다. 느헤미야에 기록된 이 기도는 복음의 이야기다. 이 기도는 하나님이 누구시며(언약의 왕이자 언약을 지키시는 분), 우리가 누구인지(언약을 깨버린 자들)를 드러내며 우리에게 예수 그리스도를 가리킨다. 예수님은 겸손한 하나님의 아들이시자 완전한 사람의 아들로 우리를 위해 온전한 순종의 삶을 사셨고, 우리를 대신해 죽음의 저주를 담당하시고 스스로 하나님의 진노를 당하사 죽으신 분이다.

예수님께서 은혜의 보좌로 나아가는 길을 다시 열어 주셨으니 기도할 때 낙심하지 말자. 이 사실이 우리에게 주어진 특권임에도 불구하고 우리는 종종 이를 간과한다. 우리는 확신을 가지고 겸손히 아버지께 나아갈 수 있다. 그때 우리는 그분의 위대한 이름을 기억하고, 우리의 죄를 회개하며 우리의 필요와 갈망이 충족되기를 요청할 수 있다. 그리고 우리에게 주신 은사들을 기뻐할 수 있다.

위대한 일들이 성취되는 것은 우리의 기도가 위대하기 때문이 아니라 우리가 기도하고 있는 하나님께서 위대하시기 때문이다. 기도에 대한 당신의 견해는 어떠한가? 하나님께서 자신의 목적과 계획을 성취하시는 수단으로 당신의 기도를 사용하신다고 믿고 있는가? 당신은 기도가 중요하다고 믿는가? 이 질문들에 대한 가장 좋은 답은 당신이 기도하는 데 보내고 있는 시간으로 알 수 있다. 그리고 우리의 가장 위대한 모범은, 우리의 주인이시자 구원자이신 예수 그리스도이시다. 예수님은 군중에서 물러나 기도하심으로 하나님 아버지로부터 힘과 용기를 얻으며, 그분과 영원한 사귐을 누리고, 그분의 명령을 받으셨다. 다음 장에서 우리는 그 모범을 살펴볼 것이다.

더 깊은 묵상과 기도를 위한 질문

1. 당신은 기도에 대해 어떤 궁금증이 있었는가? 성경을 통해 어떤 답을 얻었는가? 답을 얻지 못한 질문은 무엇인가? "내 기도가 정말 중요한가요?"라고 묻는 사람들에게 어떻게 대답하겠는가?

2. 당신 자신부터 시작해서, 가족들, 지역교회 그리고 공교회로 나아가며 고백하는 기도를 드려 보라. 그동안 하나님의 말씀에 순종했는가? 한 주간 지은 구체적인 죄는 무엇인가?

3. 성경에 기록된 하나님의 역사와 당신의 삶 속에 행하신 놀라운 일들을 상기하면서, 하나님의 위대하심 앞에 겸손히 나아가는 시간을 가지라.

4. 하나님께서 당신을 보내신 곳에서 증인의 삶을 살고 있는가? 하나님께 그분을 드러낼 수 있는 기회를 달라고 구해 보라.

5. 다니엘이 드린 간청들을 당신의 기도에 활용해 보라.

   - (~을/를) 들어주소서. 용서해 주소서. 살펴보시며 역사해 주소서. 지체하지 마소서. 하나님의 영광을 위해 일하소서.

6. 거룩하신 하나님 앞에서 죄로 인해 부끄러웠던 적이 언제였는가? 당신은 모든 삶이 언약 안에 있음을 인식하면서 가족과 교회의 잘못을 자신의 잘못으로 여기고 있는가?

7. 당신은 기도하면서 하나님이 어떤 분이신지, 당신은 어떤 존재인지, 하나님의 말씀과 역사들 그리고 당신 편에서 일하시는 하나님의 능력에 대해 어떻게 인식하고 있는가?

8. 당신이 기도에 지치는 이유는 무엇인가? 어떤 때 기도에 소홀한가? 이 장을 읽으면서 꾸준히 기도하라는 격려를 받았는가?

9. 이 장에서 배운 내용을 토대로 하나님을 향한 기도문을 작성해 보라.

10. 느헤미야 9장 6절을 암송해 보라.

8.

기도하시는 주님

– 왕국의 개시

나에게 큰 위로가 되는 기독교 신앙의 진리 중 하나는 예수님이 나의 대제사장이시라는 것이다. 나는 아이들이 아주 어렸을 때부터 예수님께서 그들을 위해 기도하신다는 사실을 가르쳤다. 나는 아이들이 죄의 유혹을 받을 때, 예수님께서 그들을 위해 중보하심을 알기 원한다. 나 역시 그 사실을 기억해야 하지만, 정작 유혹을 받을 때는 예수님의 중보를 잊어버리기 일쑤다. 내 이웃을 내 몸같이 사랑하기보다 자기중심적이게 되고, 예수님이 아닌 다른 곳에서 기쁨과 만족을 찾고 싶어질 때 말이다. 또는 내 뜻대로 일이 풀리지 않을 때 배은망덕한 마음을 갖게 되기도 한다.

그때 예수님이 나의 대제사장이심을 기억하면 큰 위안이 된다. 웨스트민스터 소요리문답 25문은 예수님의 대제사장직을 이렇게 정의한다. "그리스도께서는 단번에 자신을 제물로 드리심으로 하나님의 공의를 만족시키시고 우리를 하나님과 화목하게 하시며 항상 우리를 위하여 중보하심으로 제사장의 직분을 수행하신다."

이 진리는 적어도 두 가지 이유에서 나에게 위로를 준다. 첫 번째로 나는 매일 죄를 짓고 하나님의 영광에 전혀 이르지 못한다는 사실을 깨닫는다. 그렇기 때문에, 나의 구원자께서 나의 죄에 대한 하나님의 공의를 만족시키시고 나를 하늘 아버지와 화목하게 하셨다는 사실은 영광스러운 소식이다.

두 번째로 나는 예수님께서 항상 나를 위해 간구하심을 알고 있다. 예수님은 성령님을 통해 내 안에 계실 뿐만 아니라 나를 위하신다. 다시 말해, 주님은 나를 세상과 육신과 마귀에게 내어 주는 것을 원치 않으신다. 또한 예수님은 내가 죄에 넘어갈 때, 더 이상 나에게 베푸실 은혜가 없다고 말씀하지 않으신다. 대신 나를 용서하시며 계속해서 나를 위해 기도하신다.

우리는 이런 용서와 중보기도를 다른 이들에게 확장해야 한다. 그리스도께서 우리를 용서하셨기에, 우리도 다른 사람들을 용서해야 한다. 또한 그리스도께서 우리를 위해 기도하시기에, 우리도 다른 사람들을 위해 기도해야 한다. 이 장에서 예수님의 기도를 깊이 살펴보는 과정은, 이러한 우리의 노력에 용기를 줄 것이다.

말씀이 육신이 되다

복음서는 성육신이라는 놀라운 진리를 기록하고 있다. 예수님은 이 땅에 오셔서 완전한 순종의 삶을 사셨고, 하나님의 백성의 죄를 위하여 죽으시고 부활의 첫 열매로 살아나사 아버지께로 가셨다.

언약의 왕과 언약의 종이 만나는 일은 그리스도 안에서만 가능하다. 그리스도는 언약의 주인이기도 하시고 언약의 종이기도 하시다. 그분은 하나님의 반역한 종들에게 은혜와 자비를 베풀기 위해 언약의 주인으로 오셨으며, 동시에 하나님의 백성이 절대 성취하지 못할 것을 완벽히 성취하시는 언약의 종으로 오셨다. 이로써 예수님을 믿는 모든 자에게 복을 내리셨다.

예수님은 지금껏 어떤 선지자도 제사장도 왕도 할 수 없었던 일들을 성취하실 수 있는 분으로 오셨다. 예수님은 자기를 낮추시고 십자가에서 죽기까지 복종하셨으며, 하나님은 예수님을 지극히 높여 모든 이름 위에 뛰어난 이름을 주셨다(빌 2:8-9). 클라우니는 이렇게 이야기한다. "예수님은 기도를 변화시키신다. 왜냐하면 우리가 기도하면서 추구하는 하나님과의 연합이 그분 안에서 실현되기 때문이다. 시편 기자들은 성전에서 주님을 찾았고 시므온은 성전에서 예수님을 발견했다."[1]

예수님의 생애에서 기도의 중요성

예수님은 지상 사역을 하는 동안 많은 일을 행하셨다. 우리는 그분이 구속 사역을 하시는 동안 하나님 아버지와의 관계를 뒤로 밀어

두셨다고 생각할 수도 있다. 하지만 아버지와의 연합은 예수님의 사역과 긴밀하게 연결되어 있었다. 삼위일체 하나님은 서로를 향하신다. 그래서 예수님이 이 땅에 오셨을 때, 하늘에 계신 아버지와 교통하시기 위해 기도로 하나님 아버지를 찾으셨다.

"새벽 아직도 밝기 전에 예수께서 일어나 나가 한적한 곳으로 가사 거기서 기도하시더니"(막 1:35).

다른 사람들이 예수님께서 말씀을 전하시길 재촉했지만, 예수님은 그 전에 먼저 기도하셨다(막 1:36-39).
 오천 명을 먹이셨을 때는 그들을 먹이기 전에 아버지께 감사기도를 드리셨고(요 6:11), 그 후 무리를 보내시고 기도하기 위해 따로 산에 올라가셨다(마 14:23). 풍성한 기도 생활은 우연히 이루어지지 않는다. 기도가 우선순위이자 습관이 되어야만 한다. 일단 당신이 기도로 하늘 아버지와의 은혜로운 교제를 경험한다면, 당신의 삶에서 기도는 가장 중요한 일이자 습관이 될 것이다.
 예수님께서 세례를 받으셨을 때, 예수님은 기도하셨고 성령님이 비둘기 같은 형체로 하늘에서부터 예수님에게 내려왔다. 성부 하나님은 하늘로부터 이렇게 말씀하셨다. "…너는 내 사랑하는 아들이라 내가 너를 기뻐하노라"(눅 3:22). 많은 무리가 예수님의 말씀을 듣고 병 고침을 받기 위해서 모였지만, 예수님은 한적한 곳에 기도하시기 위하여 군중들에게서 물러나셨다(눅 5:16). 열두 사도들을 세우실 때는 날이 밝기 전까지 밤새도록 산에서 기도하셨다(눅 6:12-13).

예수님께서 산에서 기도하실 때 항상 혼자 계신 것은 아니었다. 한번은 베드로와 요한과 야고보를 데려가셨다. 기도하실 때 그들 앞에서 영광스럽게 변화되셨고, 아버지는 하늘에서부터 "이는 나의 아들 곧 택함을 받은 자니 너희는 그의 말을 들으라"(눅 9:35)고 말씀하셨다. 예수님께서 나사로를 죽은 자 가운데서 살리셨을 때도 기도를 들으신 하나님께 감사하셨다(요 11:41-42). 유월절 동안 예수님은 군중들 가운데서 이렇게 기도하셨다.

"지금 내 마음이 괴로우니 무슨 말을 하리요 아버지여 나를 구원하여 이 때를 면하게 하여 주옵소서 그러나 내가 이를 위하여 이 때에 왔나이다 아버지여, 아버지의 이름을 영광스럽게 하옵소서 하시니 이에 하늘에서 소리가 나서 이르되 내가 이미 영광스럽게 하였고 또다시 영광스럽게 하리라 하시니"(요 12:27-28).

예수님께서 부활하신 이후 엠마오로 가는 두 제자에게 나타나셔서 식사하실 때 떡을 가지고 축사하시고 떼어 그들에게 주셨다(눅 24:30). 하늘로 승천하시기 전에는 손을 들어 제자들을 축복하셨다(눅 24:50-53). 처음부터 마지막까지 예수님의 사역은 기도로 가득 차 있었다. 사랑하는 주님이자 구원자이신 예수님께서 기도하셔야 했다면 우리는 더욱 기도할 필요가 있다. 물론 예수님의 기도는 완벽했다. 하지만 성령님의 능력으로 우리의 기도는 바뀔 수 있다. 하나님의 은혜로 우리는 언제 어디서나 어떤 일이든 기도로 하나님께 나아가는 법을 배울 수 있다.

예수님은 기도에 관해 가르치신다

예수님은 단지 기도하셨을 뿐만 아니라 기도를 가르치셨다. 예수님께서 한 장소에서 혼자 기도하고 계셨는데, 기도가 끝나자 그의 제자들 중 하나가 "주여 요한이 자기 제자들에게 기도를 가르친 것과 같이 우리에게도 가르쳐 주옵소서"(눅 11:1)라고 말했다. 우리도 이렇게 해야 한다! 한 친구는 자신의 기도 생활과 성경 공부를 성장시키기 위해 나의 경건 생활을 살펴봐도 되는지 물었다. 조금 어색했지만, 그녀가 나를 평가하려는 게 아니라 배우고 싶어 한다는 사실을 알았기에 그 제안을 허락했다.

이처럼 다른 사람의 기도 생활을 보면서도 배울 수 있는데, 완전한 기도를 드리시는 예수님께 기도를 배우는 것은 얼마나 더 큰 영광인가! 그래서 예수님은 주기도문으로 알려진 기도를 제자들에게 가르쳐 주셨다(눅 11:2-4; 마 6:9-13). 주님께서 제자들에게 가르쳐 주신 이 기도는 우리에게도 기도에 관한 중요한 면들을 가르쳐 준다.

첫째로 우리는 하늘에 계신 우리 "아버지"(눅 11:2)께 기도한다. 이는 하나님께서 그리스도 안에서 우리의 아버지가 되셨다는 사실을 어린아이처럼 믿고 경외하도록 일깨워 주신 것이다. 하나님 아버지는 우리가 믿음으로 구하는 것을 거절하지 않으신다.[2] 우리는 "하늘에 계신" 우리 아버지께 기도할 때 하나님의 하늘의 위엄에 집중하게 되고, 그분의 전능하신 능력으로부터 우리 영육의 모든 필요가 채워질 것을 기대하게 된다.[3] 나의 남편이 아버지가 되어 가는 모습을 보는 것은 내 삶의 큰 즐거움이었다. 남편은 우리 아이들의 마음의 소원을 얼마나 기뻐했는지 모른다! 우리의 하늘 아버지도 이와 같으시다. 하나님은 아버지께 구하는 자녀들에게 복 주시기를 기뻐하신다(눅 11:11-13).

둘째로 우리는 "이름이 거룩히 여김을 받으시오며"(눅 11:2)라고 기도한다. 이는 우리가 하나님을 올바로 알고, 주님이 행하시는 모든 일들과 그 역사에 나타나는 주님의 전능하신 능력과 지혜, 선하심과 공의, 자비와 진리로 말미암아 그분께 존귀와 영광과 찬양을 돌리게 한다. 또한 이 고백은 우리의 생각과 말과 행동들이 언제나 하나님을 높이고 찬양하는 길로 향하도록 도와준다.[4]

항상 하나님의 이름을 높이고 찬양하는 것은 어려운 일이다. 그래서 우리는 그 일을 위해 더 자주 기도해야 한다! 우리의 생각과 말과 행동들은 곧잘 우리 자신의 이름을 높이고 찬양하는 길로 향한다. 따라서 우리는 친구들, 가족들, 이웃들과 대화할 때 그리고 주님께서 허락하신 곳에서 살아갈 때 하나님의 이름을 높이고 찬양하는 데 힘써야 한다.

셋째로 우리는 "나라가 임하시오며"(눅 11:2)라고 기도한다. 이는 하나님께서 그분의 말씀과 성령으로 통치하셔서 우리로 더욱 순종하게 하시고, 주님의 교회가 보존되고 부흥하며, 사탄의 세력과 모든 음모가 무너지는 일들이 하나님의 나라가 온전히 완성될 때까지 이루어지기를 간구하는 것이다.[5]

이 세상의 악이 어느 정도인지 확인하기 위해 멀리 볼 필요도 없다. 그러나 예수 그리스도께서 그의 나라를 완성하실 날이 올 것이며, 새 하늘과 새 땅에서 더 이상 악은 없을 것이다. 지금도 주님은 그분의 말씀과 성령으로 신자들을 통치하셔서 주님의 교회를 세우시고 우리 모두 그리스도를 닮아 가도록 하신다.

넷째로 우리는 "뜻이 하늘에서 이루어진 것 같이 땅에서도 이루어지이다"(마 6:10)라고 기도한다. 이 기도를 통해 우리는 자신의 뜻을 버리고 하나님의 거룩하신 뜻을 따를 수 있기를, 자발적이고 신실한 마음으로 우리에게 주어진 소명을 감당할 수 있기를 구한다.[6]

우리는 대부분 무언가를 바랄 때, 우리의 뜻이 이루어지기를 바란다. 주님께서 우리를 위해 예비하신 선한 사역들을 감당하는 일에 지치기도 한다. 그러나 우리는 그리스도를 위해 일하는 신실하고 자원하는 종이 되도록 반드시 기도해야 한다. 또한 육신의 뜻을 거부하고 하나님의 뜻에 순종할 수 있도록 기도해야 한다.

다섯째로 우리는 "우리에게 날마다 일용할 양식을 주시옵고"(눅 11:3)라고 기도한다. 하나님께서 우리의 육체적 필요를 채우셔서 하나님의 복 주심 없이는 우리의 어떤 염려와 수고와 심지어 주님이 주신 은사도 아무런 유익이 없음을 알게 하시기를 구하는 것이다. 그리하여 우리는 하나님 한 분만 의지할 수 있게 된다.[7]

당신은 어떤지 모르지만 나는 쉽게 하나님 **외에** 다른 것도 신뢰하곤 한다. 그리스도 **외에도** 무언가를 더 가지고 있는 것이 좋아 보이고, 주님 **외에도** 나를 도와줄 친구가 있다는 게 안정적으로 느껴진다. 이처럼 나의 필요를 마주할 때 하나님만 **홀로** 의지하는 것은 어려운 일이다. 사실 이런 일은 하나님의 은혜를 떠나서는 불가능하다. 하지만 기도는 우리를 바꾼다. 우리의 필요를 가지고 하나님 앞에 기도로 나아갈 때, 우리는 하나님만 홀로 의지하게 될 것이다.

여섯째로 우리는 "우리가 우리에게 죄 지은 모든 사람을 용서하오니 우리 죄도 사하여 주시옵고"(눅 11:4)라고 기도한다. 우리가 범한 죄와 우리를 끊임없이 괴롭히는 악을 그리스도의 피로 덮어 주시고 죄인인 우리를 용서해 주시기를 구하는 것이다. 또한 우리 안에 있는 하나님의 은혜의 증거로서 우리가 이웃을 용서했듯이 우리를 용서해 주시길 기도한다.[8]

우리가 자신의 죄와 구세주의 필요성을 더 깊이 깨닫고 하나님의 용서를 더욱 경외하게 될수록 다른 사람에게도 더 많은 용서를 베풀게 된다. 만약 우리에게 용서를 구하는 이들을 용서하지 못한다면,

우리의 삶을 향한 놀라운 하나님의 은혜를 오해하고 있는 것이다.

마지막으로 우리는 "우리를 시험에 들게 하지 마시옵소서"(눅 11:4)라고 기도한다. 우리를 끊임없이 공격하는 육신과 세상과 사탄과 싸우기에 우리는 너무 약하다. 그러므로 주님께서 성령의 능력으로 우리를 붙드시고 강하게 하심으로 우리가 이 영적 전투에서 쓰러지지 않고 그리스도께서 오셔서 최후의 완전한 승리를 거둘 때까지 원수를 대적할 수 있기를 간구하는 것이다.[9]

나는 매일 아침 이렇게 기도한다. 이 기도는 내가 영적 전쟁터 가운데 있음을 분명하게 일깨워 준다. 원수들이 공격을 멈추지 않는 한 나도 기도를 멈출 수 없다. 나는 언제나 나를 강하게 하시는 하나님의 능력이 필요하며, 잠시도 방심하면 안 된다는 것을 깨닫는다.

베드로를 위한 예수님의 기도

베드로도 마찬가지였다. 원수들로부터 스스로를 지키기엔 너무 약해서 자신을 붙들어 줄 하나님의 능력이 간절히 필요했다. 베드로는 예수님을 사랑했고 변화산에서 변화하신 모습도 보았다. 겟세마네 동산에서는 예수님 곁을 지켰고(마 26:51-53), 예수님의 지상 사역 동안 신실하게 그분을 따랐다. 하지만 베드로는 상상도 하지 못했던 일을 저지르게 되었다. 예수님은 그에게 이렇게 말씀하셨다.

"시몬아, 시몬아, 보라 사탄이 너희를 밀 까부르듯 하려고 요구하였으나 그러나 내가 너를 위하여 네 믿음이 떨어지지 않기를 기도하였노니 … 베드로야 내가 네게 말하노니 오늘 닭 울기 전에 네가 세 번 나를 모른다고 부인하리라"(눅 22:31-32, 34).

안타깝게도 베드로는 예수님을 세 번이나 부인했다. 첫 번째는 대제사장의 뜰에 있던 여종 앞에서, 두 번째는 다른 남자 앞에서, 세 번째는 한 시간쯤 뒤에 또 다른 남자 앞에서 말이다. 세 사람은 그가 예수님과 관련 있는 사람이라고 말했지만, 베드로는 그때마다 예수님을 알지 못한다며 부인했다. 마지막으로 베드로가 예수님을 부인했을 때 마침 닭이 울었고, 주님은 베드로를 바라보셨다. 베드로는 예수님의 말씀이 생각나 밖으로 나가 심히 통곡했다(눅 22:54-62).

예수님께서 그를 위해 기도해 주셨음에도 어떻게 베드로는 예수님을 부인할 수 있었는가? 예수님은 베드로의 믿음이 떨어지지 않기를 기도하셨지만 베드로는 무너졌다. 세 번이나 말이다. 예수님의 기도가 응답되지 않은 것처럼 보이는 이 상황을 어떻게 이해할 수 있을까? 우리는 요한복음 21장을 읽고 예수님께서 베드로를 위해 하신 기도가 어떻게 응답되었는지 이해해야 한다. 예수님을 배신하고 스스로 목을 맨 유다와 달리 베드로는 예수님을 부인한 후 자신의 신실하지 못함으로 인해 통곡했다.

부활하신 이후 예수님은 그분의 제자들에게 여러 번 나타나셨다.

세 번째 예수님께서 제자들에게 나타나셨을 때 디베랴 호수에서 조반을 먹이셨다. 식사가 끝난 후 예수님은 베드로에게 세 번 질문하셨다(그가 세 번 부인한 것과 연관된다). 예수님은 베드로에게 "네가 나를 사랑하느냐?"라고 세 번 질문하셨고, 베드로는 "주님 그러하나이다 내가 주님을 사랑하는 줄 주께서 아시나이다"라고 매번 대답했다. 베드로가 세 번째 대답했을 때, 그는 마음에 근심하게 되었고 자신의 죄로 인해 슬퍼했다(요 21:15-17).

베드로의 믿음은 궁극적으로 실패하지 않았다. 주님은 그의 믿음을 지키셨다. 심지어 어두운 밤 예루살렘에서 자신의 구세주를 세 번이나 부인했음에도 말이다. 예수님은 베드로를 용서하셨을 뿐만 아니라 자신의 양을 치고 자신을 따르라고 말씀하셨다(요 21:15-19). 하나님의 은혜와 우리를 위한 그리스도의 중보의 능력을 보여 주는 이 얼마나 아름다운 간증인가!

베드로가 생각했던 방식대로 예수님의 기도가 응답되지는 않았다. 그러나 예수님은 베드로를 위해 기도하실 때에도 베드로가 자신을 부인할 것을 알고 계셨다. 실제로 예수님은 베드로에게 그렇게 말씀하셨다. 하지만 예수님은 또한 베드로가 다시 돌아올 것을 예언하셨다. 예수 그리스도의 기도가 없었다면 베드로는 다시 돌아오지 못했을 것이다.

우리 중 누구도 그리스도의 중보 없이는 그분께로 돌아올 수 없다. 예수님께서 중보해 주시지 않으면, 우리의 굳은 마음은 주님을 사랑할 수 없다. 하지만 예수님께서 우리를 위해 기도하시므로, 우리는 악한 자에게서 구원을 받게 되었다.

예수님의 대제사장적 기도

예수님은 생애 마지막 사건인 십자가에 못 박히시기 전, 신학자들이 대제사장적 기도라고 부르는 기도를 드리셨다(요 17:1-26). 이 기도는 성경에 기록된 가장 긴 예수님의 기도이며, 우리에게 기도의 여러 가지 특징을 가르쳐 준다.

먼저, 예수님은 자신을 위해서 기도하셨다. "아버지여 때가 이르렀사오니 아들을 영화롭게 하사 아들로 아버지를 영화롭게 하게 하옵소서"(요 17:1). 예수님은 자신의 죽음과 부활을 통해서 아버지께서 자신을 영화롭게 하시고, 이로써 예수님도 아버지를 영화롭게 할 수 있기를 원하셨다. 예수님은 아버지께서 자신에게 주신 사람들에게 영생을 주시기 위해 오셨다. 그리고 구원의 사역을 이루셔서 이 땅에서 아버지께 영광을 돌리셨다. 이제 예수님은 아버지께서 자신을 영광스럽게 해 주시기를 기도하셨다. "아버지여 창세 전에 내가 아버지와 함께 가졌던 영화로써 지금도 아버지와 함께 나를 영화롭게 하옵소서"(요 17:5).

다음으로, 예수님은 아버지께서 자신에게 주신 이들을 위해 기도하셨다. "내가 그들을 위하여 비옵나니 내가 비옵는 것은 세상을 위함이 아니요 내게 주신 자들을 위함이니이다 그들은 아버지의 것이로소이다"(요 17:9). 이들은 아버지께서 자신의 아들을 세상에 보내셨음을 믿었고, 그 진리를 듣고 받아들였다.

예수님은 믿는 자들을 위해 기도하셨다. 예수님이 하늘로 승천하시면 제자들은 이 세상에 남을 것이고, 이 세상은 신자들이 살아가기에 힘든 곳이라는 사실을 아셨기 때문이다. 그래서 예수님은 이렇게 기도하신다.

"…거룩하신 아버지여 내게 주신 아버지의 이름으로 그들을 보전하사 우리와 같이 그들도 하나가 되게 하옵소서 … 그들로 내 기쁨을 그들 안에 충만히 가지게 하려 함이니이다"(요 17:11, 13).

예수님은 아버지께서 그들이 "악에 빠지지 않게 보전하시기를"(요 17:15) 기도하셨다. 그리고 "그들을 진리로 거룩하게 하옵소서 아버지의 말씀은 진리니이다"(요 17:17)라고 기도하셨다.

예수님은 제자들을 위해 기도하신 후, 그들의 증언을 통해 구원에 이르는 믿음을 갖게 될 사람들을 위해 기도하셨다. "아버지여, 아버지께서 내 안에, 내가 아버지 안에 있는 것 같이 그들도 다 하나가 되어 우리 안에 있게 하사 세상으로 아버지께서 나를 보내신 것을 믿게 하옵소서"(요 17:21). 다시 말해 예수님은 신자들의 연합이 예수님과 아버지의 연합을 반영하여, 아버지께서 아들을 보내셨고 아들을 사랑하시듯 자신의 자녀들을 사랑하심을 세상이 믿게 되기를 기도하셨다.

마지막으로 예수님은 현재와 미래의 믿는 자들 모두가 "내게 주신 나의 영광을 그들로 보게 하시기를"(요 17:24) 기도하셨다. 하나님께서 창세 전부터 자신의 아들을 사랑하신 사랑으로 인해, 자신의 영광을 예수님에게 주셨고, 예수님은 하나님의 백성들이 하늘에서 아버지와 함께하여 그분의 영광을 볼 수 있기를 원하셨다. 얼마나 영광스러운 날이 될 것인가!

지금 이 순간 죄와 싸우고 있거나 고통 가운데 부르짖는 중일지라도 용기를 내라. 어느 날 우리는 더 이상 죄와 고통이 없는 새 하늘과 새 땅에서 사랑하는 신랑의 영광을 보게 될 것이다. 기억해야 할 점은, 우리는 지금도 신자들의 마음속에 거하시는 성령님을 통해 그리스도와 함께 살아가고 있다는 것이다.

예수님은 제자들을 위해 "나를 사랑하신 사랑이 그들 안에 있고 나도 그들 안에 있게 하려 함이니이다"(요 17:26)라고 기도하시면서 말씀을 마치셨다. 이 기도는 구약 전반에 걸쳐 사용되었던 자기 백성과 함께하시는 하나님의 임재를 표현하는 언약적 언어이며, 이제 예수님은 복음서에서 이 표현을 사용하신다.

이 약속의 완성은 새 예루살렘(계 21-22장)에서 발견된다. 예수님께서 우리와 함께하신다는 것이 얼마나 영광스러운 일인가! 구약성경 전체에 걸쳐 하나님의 임재는 동산에서, 진영 밖 모세의 회막에서, 성막에서, 그리고 성전에서 그의 백성과 함께하셨다. 마지막으로 예수님께서 하나님의 백성 가운데 거하셨고, 그 안에 은혜와 진리가 충만했다(요 1:14). 하나님의 임재는 그분의 백성을 다시는 떠나지 않을 것이다. 예수님께서 승천하실 때 그분의 성령을 하나님의 백성 가운데 보내셔서 다시 오시는 그날까지 그들과 함께하시되, 영원히 함께하도록 하셨다.

우리는 예수님의 기도를 본으로 삼아야 한다. 그리스도 안에서 형제자매들이 하나가 되기를 기도해야 하며, 사랑하는 사람들과 교회의 가족들을 악한 자로부터 지켜 주시기를 기도해야 한다. 또한 우리와 형제자매들이 그리스도 안에서 진리로 거룩해지기를 구해야 한다. 주님께서 우리의 증언을 사용하셔서 다른 사람들을 구원하는 믿음으로 인도해 주시기를 기도해야 한다. 우리는 결혼과 가족, 직장, 사역, 우정 등 우리의 삶을 통해 그리스도의 사랑을 나타내도록 주님께 간구해야 한다.

감람산에서의 기도

예수님은 제자들과 유월절 식사를 나누신 이후 습관을 따라 감람산에 올라가셨다. 이곳은 예수님께서 휴식을 취하시고 아버지와 함께 교제하시던 곳이었다. 그리고 예루살렘으로 들어가기 위해 내려오셨던 산이기도 했으며(눅 19:29), 성전에서 가르치시는 동안(눅 21:37) 이 산에서 묵으시기도 했다. 제자들은 예수님을 따랐다. 예수님께서 "겟세마네라 하는 곳에 이르"렀고(마 26:36) 제자들에게 유혹에 빠지지 않도록 기도하라고 말씀하셨다(눅 22:40; 11:4).

예수님은 기도하시기 위해 제자들과 조금 떨어진 곳으로 가셨다. 그리고 "아버지여 만일 아버지의 뜻이거든 이 잔을 내게서 옮기시옵소서 그러나 내 원대로 마시옵고 아버지의 원대로 되기를 원하나이다"(눅 22:42)라고 기도하셨다. "잔"은 하나님의 백성들의 죄에 대한 하나님의 진노와 심판의 잔을 의미하는 것이었다.

하나님은 의로우시기에 누군가는 그분의 백성의 죗값을 치러야 했다. 그리고 그 자리에 서기 위해서는 완전해야 했다. 그렇게 하실 수 있는 분은 오직 예수님뿐이었다. 예수님은 갈보리에서 우리의 죄를 속량하실 수 있는 완전한 하나님이자 인간이셨다. 하지만 예수님께서 인간으로서 이 일을 감당하시는 것은 쉬운 일이 아니었다. 십자가에서 하나님 아버지는 예수님에게서 등을 돌리셨고, 그분의 진노가 예수님에게 쏟아부어졌다. 겟세마네에서 기도하시는 동안 예수님의 고통은 너무나 커서 "땀이 땅에 떨어지는 핏방울 같이"(눅 22:44) 되었다.

안타깝게도 제자들은 그새 잠이 들었다. 예수님은 자신이 겪게 될 일을 아시고 고통 가운데에서 자신의 영혼을 아버지께 쏟아부으셨다. 그리고 제자들을 향하여 어찌하여 자고 있는지 물으시고 단지 "시험에 들지 않게 일어나 기도하라"(눅 22:46)고 말씀하셨다. 우리도 이렇게 해야 한다. 우리는 종종 영적인 일에 눈을 감고 잠이 든 사람처럼 살아간다. 주님은 우리가 세상과 육신과 사탄의 방식을 따르려는 유혹에 빠지지 않고 하나님의 뜻을 따르기 위해 기도해야 한다는 사실을 상기시켜 주신다.

십자가에서의 기도

예수님은 십자가 형벌을 위해 골고다로 끌려간 유일한 사람은 아니었지만, 유일하게 죄가 없으신 분이었다. 예수님과 함께 끌려간 이들은 두 명의 범죄자로, 한 사람은 예수님의 오른편에 다른 한 사람은 왼편에 달리게 되었다. 누가는 예수님께서 십자가에서 하신 첫 마디, "아버지 저들을 사하여 주옵소서 자기들이 하는 것을 알지 못함이니이다"(눅 23:34)라는 말씀을 기록하고 있다. 이 말씀은 이사야 53장을 생각나게 한다.

"그러므로 내가 그에게 존귀한 자와 함께 몫을 받게 하며 강한 자와 함께 탈취한 것을 나누게 하리니 이는 그가 자기 영혼을 버려 사망에 이르게 하며 범죄자 중 하나로 헤아림을 받았음이니라 그러나 그가 많은 사람의 죄를 담당하며 **범죄자를 위하여 기도하였느니라**"(사 53:12).

예수님은 십자가에 달리시면서 "나의 하나님, 나의 하나님, 어찌하여 나를 버리셨나이까"(마 27:46)라고 부르짖으셨다. 이 말씀은 시편 22편 1절의 성취였다. 시편에서는 구속 서사를 진행시키는 이야기가 없기 때문에 시편에 기록된 기도들은 살펴보지 않았다. 하지만 시편은 기도로 가득 차 있기 때문에, 시편을 원래의 맥락에서 다루고 그것을 예수님께서 어떻게 성취하셨는지 살펴보고자 한다.

시편 22편은 하나님과의 단절보다 더 큰 고통은 없다는 사실을 우리에게 상기시켜 준다.

"내 하나님이여 내 하나님이여 어찌 나를 버리셨나이까 어찌 나를 멀리 하여 돕지 아니하시오며 내 신음 소리를 듣지 아니하시나이까 내 하나님이여 내가 낮에도 부르짖고 밤에도 잠잠하지 아니하오나 응답하지 아니하시나이다"(시 22:1-2).

지옥은 정확히 이런 모습일 것이다. 하나님과 아무 상관없이 살기를 원하는 사람이라면, 영원히 그들이 바라는 대로 될 것이다. 하지만 시편의 저자인 다윗은 불신자가 아니었다. 다윗은 하나님과 교제했고 그분과 단절되는 느낌을 견딜 수 없었다. 그는 내면의 혼란에 집중하지 않고 진리를 향하며 하나님을 신뢰하기로 했다.

"이스라엘의 찬송 중에 계시는 주여 주는 거룩하시니이다 우리 조상들이 주께 의뢰하고 의뢰하였으므로 그들을 건지셨나이다 그들이 주께 부르짖어 구원을 얻고 주께 의뢰하여 수치를 당하지 아니하였나이다"(시 22:3-5).

다윗은 자신의 현실에서 여러 어려움을 겪으면서도 주님 앞에서 정직하게 반응했다. 그의 주변엔 "힘센 소들"(시 22:12), "찢으며 부르짖는 사자"(시 22:13), "개들"(시 22:16)과 같은 사나운 짐승들처럼 그를 대적하는 원수들이 많았다. 하지만 그는 태어날 때부터 의지했던 영원한 창조주를 더욱 바라보았다. "오직 주께서 나를 모태에서 나오게 하시고 내 어머니의 젖을 먹을 때에 의지하게 하셨나이다"(시 22:9). 그는 죽음이 자신을 삼킬 것 같은 상황에서도 죽음을 삼키실 수 있는 한 분을 인식하고, "주께서 내게 응답하시고"(시 22:21)라고 선포하며 그분을 신뢰했다.

또한 시편 22편은 고난이 믿음 가운데서 노래로 끝난다고 가르친다. "내가 주의 이름을 형제에게 선포하고 회중 가운데에서 주를 찬송하리이다"(시 22:22). 외롭게 고난당하던 이는 그저 홀로 남아 있지 않았다. 그는 언약 공동체로 나아가 형제들에게 주님의 이름을 선포하고 주님을 찬양하며, 다른 이들도 주님을 찬양하도록 초청한다.

다윗은 그들 가운데 서서 하나님의 신실하심을 증언하면서 그들을 예배로 이끌어 간다.

"여호와를 두려워하는 너희여 그를 찬송할지어다…"(시 22:23).

유대인이나 이방인뿐만 아니라 아직 태어나지 않은 이들까지도 성취된 구원으로 말미암아 여호와를 찬양할 것이다. "와서 그의 공의를 태어날 백성에게 전함이여 주께서 이를 행하셨다 할 것이로다"(시 22:31).

아버지의 이름을 그의 형제들에게 알리며, 회중 가운데서 그분을 찬양하고, 하나님의 백성을 예배의 자리로 이끄시는 분은 바로 예수님이시다(히 2:11-13). 예수님은 십자가에 달려 죽으심으로 유대인과 이방인들을 구원하시고 '새 사람'으로 만드셨다. 왕권은 열방을 유업으로 받으신 주 예수 그리스도께 있다. 예수님은 십자가에 달려 죽으심으로 아버지께 버림을 받으셨고, 우리의 구속을 이루셨다. 그렇다. 그분은 그렇게 구원을 완성하셨다.

우리는 이 사실을 믿음으로 받아야 한다. 그리고 하나님을 예배함으로, 그분의 영광을 위해 일함으로, 열방 가운데 그분을 증거함으로 감사를 드려야 한다. 우리의 고난은 침묵으로 끝나는 것이 아니라, 언약 공동체 가운데서 노래하는 것으로 끝나야 한다. 이것이 바로 기도의 핵심이다. 우리는 홀로 고통받지 않는다. 하나님께서 우리와 함께하신다. 우리는 언제 어디서나 어떤 일이든지 하나님과 이야기를 나눌 수 있다. 하나님의 백성들도 우리와 함께 있다. 따라서 그들에게 우리를 위해 기도해 달라고 요청해야 한다. 그리고 언젠가 새 하늘과 새 땅에서 어린양의 노래를 부를 때, 우리의 '간구와 찬양'은 '오직 찬양'으로 바뀔 것이다.

예수님은 마지막 숨을 내쉬면서 "아버지 내 영혼을 아버지 손에 부탁하나이다"(눅 23:46)라고 말씀하셨다. 이 말씀은 시편 31편 5절의 성취이다.

"내가 나의 영을 주의 손에 부탁하나이다 진리의 하나님 여호와여 나를 속량하셨나이다."

이 말씀은 예수님이 왜 그 일을 하셨고 어떻게 하셨는지를 보여 준다.

우리는 누가복음 22장 42절에 기록된 겟세마네 동산에서의 기도를 읽었다. "아버지여 만일 아버지의 뜻이거든 이 잔을 내게서 옮기시옵소서 그러나 내 원대로 마시옵고 아버지의 원대로 되기를 원하나이다." 예수님은 아버지의 뜻에 온전히 순종하셨고, 마지막 숨을 거두면서 자신의 영혼을 아버지께 맡김으로써 그것을 보여 주셨다. 우리의 의지를 아버지의 뜻에 복종시키고 우리의 삶을 그분께 맡기는 것이, 바로 우리 모두가 고난을 견디는 방법이다.

당신은 예수님께서 당신의 대제사장이시며, 매일 당신을 위해 중보하신다는 진리로 인해 용기를 얻는가? 이 진리를 당신의 가족들에게, 당신이 섬기고 있는 교회나 직장 사람들에게, 이웃들에게 가르쳐 주고 있는가? 당신에게는 당신을 위해 기도해 주시는 예수님이 필요하다. 당신의 죄는 크지만, 그분의 은혜는 더욱 크다. 당신의 시험 또한 크지만, 예수님은 당신이 넘어지지 않기를 기도하고 계신다. 그리스도께서 우리를 위해 기도하신다는 인식이 커질수록, 다른 이들을 위해서 기도하는 마음도 더욱 커지게 될 것이다. 이에 대해서는 다음 장에서 더 살펴볼 것이다.

더 깊은 묵상과 기도를 위한 질문

1. 예수님께서 하나님의 공의를 만족시키시며 당신을 위해 중보하시는 대제사장이시라는 것을 어떻게 알 수 있는가? 그리고 이 진리는 당신의 기도에 어떤 동기를 주는가?

2. 당신의 기도 생활을 어떻게 바라보고 있는가? 기도는 우연히 이루어지는가? 아니면 우선순위와 습관에 의해 만들어지는가? 기도 시간을 늘리고 싶다는 소망을 어떻게 갖게 되었는가?

3. 언제 어디서나 무슨 일이든지 기도로 하나님께 나아가고 있는가? 이를 방해하는 장애물은 무엇인가?

4. 주기도문에 관해 무엇을 배웠는가? 그것이 당신에게 어떤 도전을 주고, 어떤 위로를 주었는가?

5. 예수님께서 베드로를 위해 기도해 주신 사실이 당신에게 어떤 격려가 되는가? 주변에 유혹에 맞서 싸우고 있는 사람이 있는가? 지금 그 사람을 위해 기도하는 시간을 가지라.

6. 다음 내용 중 우선순위를 정해 기도 제목을 작성해 보라.

    - 다른 신자들과의 연합, 악한 자로부터의 구원, 진리 안에서의 성화, 효과적인 복음전도, 당신의 삶에 풍성한 그리스도의 사랑

7. 당신과 가족들, 교회의 지체들이 시험에 빠지지 않고 하나님의 뜻에 복종하며 기도의 삶에서 성장할 수 있도록 기도하는 시간을 가지라.

8. 당신은 어떤 고통을 겪고 있는가? 그 고통은 침묵으로 향했는가, 아니면 노래로 이어졌는가? 왜 그렇게 되었는가? 찬양은 왜 기도의 중심인가?

9. 이 장에서 배운 내용을 토대로 하나님을 향한 기도문을 작성해 보라.

10. 마태복음 6장 9-13절을 암송해 보라.

9.

성령으로 우리와 함께하시는 주님

- 종말의 시대

그리스도 안에서 형제자매 된 이들에게 줄 수 있는 최고의 선물은 기도다. 동역자들에게 어떻게 기도해 주어야 할지 묻고 꾸준히 기도하는 것 자체가 바로 선물이다. 지난 수년간 나는 다른 이들을 위해 어떻게 기도해 주면 좋을지 물어보고, 정기적이고 체계적으로 그들을 위해 기도하는 일을 즐겁게 감당했다. 나는 은혜의 보좌 앞으로 나아갈 때 그들의 이름을 부르며, 그들과 나누었던 기도 제목들에 응답해 주시기를 하나님께 간구한다.

이 기도는 내 마음과 그들의 마음을 하나로 묶어 주며, 이를 통해 그들을 향한 나의 사랑도 더욱 커지는 것을 느낀다. 나는 사람들의 사역을 위해, 혼자 사는 사람들이나 결혼한 사람들을 위해, 또한 그들의 가족들을 위해 기도하는 데 시간을 투자한다. 물론 여기에는 시간과 노력이 필요하지만, 성경은 우리에게 기도하라고 제안하는 것이 아니라 명령하고 있다.

기도는 특권이다. 그리스도께서 십자가를 통해 우리를 성부 하나님과 화목하게 하셔서 우리가 기도할 수 있도록 하셨다는 사실을 생각하면 기도를 대하는 방식이 달라진다. 기도의 의무는 즐거움으로 변한다. 다른 사람을 위해 기도하면서 하나님께 더 가까이 나아가며 기도를 통해 대화할 수 있다.

위대하신 하나님은 우리의 기도를 들으신다. 하나님은 우리의 가족과 친구들에게 관심을 가지시며 우리의 기도에 귀 기울이신다. 하나님은 은혜와 자비를 베풀기를 기뻐하시며, 너무 바쁘시다면서 우리의 기도를 외면하시거나 다른 일에 몰두하지 않으신다. 또한 기분 나빠하시거나 피곤해하시거나 무관심하게 여기지도 않으신다.

하나님은 우리의 목소리를 들으실 때 그 소리에 관심을 갖고 계신다. 우리는 주변 사람들을 위해 중보하며, 그들이 죄를 회개하고 고난을 견디며 그리스도를 통해 의의 열매를 맺을 수 있도록 은혜와 자비를 베풀어 주시기를 간구할 수 있다. 이번 장에서 우리는 신자들이 다른 이들을 위해서 기도하는 것이 얼마나 소중하고 심오한 일인지 살펴볼 것이다.

성령의 약속

예수님은 부활하신 후 40일 동안 제자들에게 나타나셔서 하나님 나라에 대해 가르치셨다. 예수님은 제자들에게 예루살렘을 떠나지 말고 아버지께서 약속하신 성령 세례를 기다리라고 명령하시며, 그들이 예루살렘과 온 유대와 사마리아와 땅 끝까지 이르러 증인이 되리라고 말씀하셨다. 그리고 예수님은 감람산에서 구름을 타고 하늘로 올라가셨다(행 1:1-11).

사도들은 예루살렘으로 돌아와 그들이 묵고 있던 다락방으로 가서 여자들과 예수님의 어머니 마리아와 예수님의 형제들과 함께 오로지 기도에 힘썼다(행 1:12-14). 그들이 기도해야 할 문제 중 하나는 누가 유다를 대신하여 사도가 될 것인가였다. 그들은 모든 사람의 마음을 알고 계시는 주님께 유다를 대신할 사람이 누구인지 보여 달라고 간구했다(행 1:24). 그런 다음 제비를 뽑았고, 주님께서 택하신 맛디아가 뽑혀 열두 번째 사도가 되었다.

오순절 날 그들이 함께 모였을 때 예수님께서 약속하신 대로 성령님이 임하셨다(요 16:4-15; 행 1:5, 8). 이는 새 언약의 시대가 도래했음을 알리는 구속사의 중대한 사건이었다. 하나님의 영이 천지 창조 때에 일하시고(창 1:2), 오순절 전에 활동하지 않았던 것은 아니었다. 하지만 이제 그분의 임재는 더욱 강력하고 인격적이었다. 삼천 명의 영혼이 교회에 더해졌을 때, 더욱 강력한 성령님의 임재가 나타났다. 성령님의 인격적인 임재에 대해 로마서 8장은 이렇게 기록하고 있다.

"무릇 하나님의 영으로 인도함을 받는 사람은 곧 하나님의 아들이라 너희는 다시 무서워하는 종의 영을 받지 아니하고 양자의 영을 받았으므로 우리가 아빠 아버지라고 부르짖느니라 성령이 친히 우리의 영과 더불어 우리가 하나님의 자녀인 것을 증언하시나니 … 이와 같이 성령도 우리의 연약함을 도우시나니 우리는 마땅히 기도할 바를 알지 못하나 오직 성령이 말할 수 없는 탄식으로 우리를 위하여 친히 간구하시느니라 마음을 살피시는 이가 성령의 생각을 아시나니 이는 성령이 하나님의 뜻대로 성도를 위하여 간구하심이니라"(롬 8:14-16, 26-27).

신약성경은 우리가 삼위일체 하나님께 기도한다는 사실을 계시한다. 우리는 성령님의 능력으로 아들을 통해 아버지께 기도한다.

담대함을 구하는 기도

베드로와 요한은 나면서부터 걷지 못하던 사람을 고치다가 체포되었다(행 3:2-9; 4:1-3). 지도자들이 사도들을 석방하기로 한 후에 사도들이 간 곳은 언약 공동체였다. 사도들은 그리스도 안에서 성장하고 사역하는 데 있어서 공동체가 얼마나 중요한지 알고 있었다. 신자들은 사도들의 친구였다(행 4:23). 나는 당신이 교회는 친구를 사귀는 곳이자 어려울 때 가장 먼저 찾는 곳이라고 말할 수 있기를 소망한다. 그러나 보다 더 중요한 것은 교회란 기도하는 곳이라고 말할 수 있어야 한다는 점이다. 베드로와 요한이 곤경에 처했다는 소식을 들었을 때 신자들이 가장 먼저 한 일은 함께 기도하는 것이었다(행 4:24). 그들은 공동체 기도의 중요성을 알고 있었다.

이 모습은 환난 중에 여호와께로 나아가 "그룹 사이에 계신 이스라엘 하나님 만군의 여호와여 주는 천하 만국에 유일하신 하나님이시라 주께서 천지를 만드셨나이다"(사 37:16)라고 기도했던 히스기야 왕과 그 백성들을 떠올리게 해 준다. 이때 신자들도 하나님이 누구신지를 인식하는 것으로 기도를 시작했다. 하나님은 만물을 창조하신 참 하나님이시다(행 4:24).

또한 하나님은 자신이 택한 종들의 입을 통해 언약 백성에게 말씀하시는 언약의 하나님이시다(행 4:25). 신자들의 기도는 시편(시 146:6)과 선지자들의 글(렘 4:10; 단 9:8)을 반영하는 데서 볼 수 있듯이 구약성경으로 가득 차 있다. 또한 그들은 성경을 직접 인용하기도 했는데, 사도행전 4장 25-26절은 시편 2편 1-2절을 인용하고 있다.

> "어찌하여 이방 나라들이 분노하며 민족들이 헛된 일을 꾸미는가 세상의 군왕들이 나서며 관원들이 서로 꾀하여 여호와와 그의 기름 부음 받은 자를 대적하며"(시 2:1-2).

원래의 문맥에서 이 시편은 적들의 공격을 받고 있던 이스라엘의 왕과 백성들을 격려하고 있다. 여호와 하나님은 다윗에게 영원히 그의 보좌에 앉을 수 있는 후손을 주시겠다는 언약을 하셨다. 그러면서 하나님의 작정하심을 무너뜨리려는 열방의 헛수고를 사람들에게 상기시키셨다. 그들은 공격을 받을 때도 여호와의 주권 안에 안전할 수 있었다.

또한 이스라엘조차도 시편에 나오는 기름 부음 받은 자가 지상의 왕보다 더 위대한 누군가를 가리키고 있다는 사실을 분명히 알고 있었으며, 이는 장차 오실 메시아에 대한 말씀이라고 믿었다. 그리고 신약 시대에서 기름 부음 받은 자가 예수 그리스도라는 사실이 분명해졌다.

신자들은 많은 경배 끝에 사도행전 4장에서 이렇게 간구했다. "주여 이제도 그들의 위협함을 굽어보시옵고 또 종들로 하여금 담대히 하나님의 말씀을 전하게 하여 주시오며"(행 4:29).

그들은 이미 대적자들 앞에서 담대하게 말하고 있었다(행 4:13). 이제 그들은 자신들이 계속 그렇게 할 수 있도록 기도하고 있는 것이다. 신자들은 주권자이신 주님께서 하나님의 거룩한 종 예수님의 이름을 통해 표적과 기사를 행하시기를 구하며 기도를 마쳤다(사 52:13 참조).

하나님은 신자들의 기도에 세 가지 방식으로 응답하셨다(행 4:31). 먼저 그들이 모인 곳이 흔들렸다(행 2:1-3). 그러자 그들 모두가 성령으로 충만해졌고, 담대히 하나님의 말씀을 전했다. 이는 그들의 간구가 직접 응답받은 것이었는데(행 2:29), 우리도 하나님의 뜻에 따라 기도할 때 주님께서 우리의 요청에 응답하심을 확신할 수 있다.

아마 기도는 오늘날 교회에서 소홀히 하는 활동 중 하나일지 모른다. 이것은 바람직하지 않다. 마르틴 루터는 모든 사업과 임무 중 하나라도 완수하기 위해서는 기도가 반드시 필요하다는 점을 인식했다. 루터는 기도를 하나의 의무로 여기기보다 하루를 시작하는 첫 약속으로 생각했다. 그는 그렇게 세 시간 동안 기도를 드렸다![1] 루터는 기도가 단순한 의무가 아니라 자신에게 주어진 의무를 완수하기 위한 기초라는 사실을 깨달았다.

우리 자신의 죄와 무지, 육체적인 나약함, 우리를 좌절시키기 위한 사탄의 끊임없는 공격들은 우리가 에베소서 6장 말씀을 마음에 새겨야 할 이유다.

"모든 기도와 간구를 하되 항상 성령 안에서 기도하고 이를 위하여 깨어 구하기를 항상 힘쓰며 여러 성도를 위하여 구하라"(엡 6:18).

우리는 기도함으로 전쟁 속에 굳건히 서야 한다. 위대한 기도의 사람이었던 E. M. 바운즈는 우리에게 이런 내용을 상기시켜 준다. "성경의 위대한 지도자들은 생각이 뛰어나거나 자원이 풍부해서 또는 훌륭한 문화를 누리거나 타고난 재능이 뛰어나서가 아니라, 기도의 능력 때문에 지도자가 되었다. 그들은 기도로 하나님의 능력을 힘입을 수 있었다."[2]

기도의 능력

사도행전에서 우리는 다비다, 즉 도르가라는 여인에 대해서 배운다. 그녀는 병들어 죽었다. 다비다는 "선행과 구제하는 일이 심히 많"은(행 9:36) 주님의 제자였다. 하지만 다락방에 죽은 채로 누워 있을 뿐, 그녀는 더 이상 교회의 일원으로서 활동할 수 없었다. 다비다와 함께 시간을 보내며 그녀의 사역으로 많은 유익을 누렸던 과부들에게 그녀의 죽음은 큰 슬픔이었다.

그러나 욥바의 제자들은 희망 없이 슬퍼하지 않았다. 아마 그들은 예수님께서 나사로를 죽은 자 가운데 살리신 일(요 11:1-44), 나인 성에 있는 과부의 아들을 살리신 일(눅 7:11-15), 한 관리의 딸을 살리신 일(마 9:18-25)에 대해 들었을 것이다. 그래서 그들은 베드로 사도를 불러 왔다. 과부들이 베드로에게 다비다의 선한 일들을 분주히 말하는 동안, 베드로는 주님께서 그를 부르신 일에 집중했다. 베드로는 모든 사람을 밖으로 내보낸 후 무릎을 꿇고 기도했다. 베드로는 자신이 주님의 능력이 필요한 도구일 뿐임을 알고 있었다.

베드로는 믿음으로 주님의 능력을 믿고 몸을 돌이켜 "다비다야 일어나라"(행 9:40)고 말했다. 회당장의 집에서 하셨던 예수님의 말씀이 베드로의 마음과 생각에 울려 퍼졌을 것이다. "달리다굼." "소녀야 일어나라"는 의미다(막 5:41). 욥바의 제자들처럼 베드로도 주님께서 죽은 자를 살리셨던 때, 즉 엘리야의 기도를 통해 과부의 아들을 살리셨을 때(왕상 17:17-24), 엘리사의 기도를 통해 수넴 여인의 아들을 살리셨던 때(왕하 4:18-37)를 회상했을 것이다.

베드로가 다시 살아난 다비다를 제자들에게 소개했을 때 성도들에게는 얼마나 기쁨이 넘쳤겠는가! 욥바에서 일어난 기적은 하나님의 나라가 이미 임했음을 상기시켜 준다. 왕국이 완성되어 우리 몸이 새 생명으로 부활하고, 새 하늘과 새 땅에서 영광스럽게 살게 될 날을 가리키는 이정표였다. 동시에 우리는 예수님의 이름으로 다른 이들을 섬길 때 기도가 중요하다는 사실을 되새기게 된다. 주님께서 우리를 부르셔서 그분을 위한 일을 할 때, 크든 작든 우리는 무릎을 꿇고 시작해야 한다.

기도의 효과

헤롯왕은 신자들을 괴롭히고 요한의 형제 야고보를 죽였으며 베드로를 옥에 가두었다. 그러나 "교회는 그를 위하여 간절히 하나님께 기도"했다(행 12:5). 그날 밤 주님의 천사가 베드로를 깨워 옥에서 끌어냈다. 베드로는 지체하지 않고 기도의 용사들에게 그들의 기도가 어떻게 응답되었는지 나누기 위해 갔다.

베드로는 그들을 어디서 찾아야 할지 추측할 필요가 없었다. 그들은 마가라 하는 요한의 어머니 마리아의 집에 모여 있었다(행 12:12).

많은 사람이 모여 베드로를 위해 간절히 기도했다. 사도행전의 저자 누가는 기도가 얼마나 중요한지, 그리고 우리가 내리는 모든 결정, 우리가 하는 모든 일, 우리가 참여하는 모든 사역 뒤에 기도가 있어야 한다는 것을 알려 주고자 했다. 이 말씀을 통해 누가는 신자들의 기도의 힘이 간수들과 옥문을 움직였음을 보여 준다.

베드로는 걸음을 재촉하여 한밤중 어두운 거리를 지나갔다. 베드로가 마리아의 집 문을 두드렸을 때, 그는 눈에 잘 띄는 위험한 거리를 벗어나기 위해 매우 서둘렀을 것이다. 그러나 여종 중 하나인 로데는 베드로의 목소리를 알아듣고 너무나 기뻐서 정작 문을 열어 주는 것을 잊어버렸다! 대신 로데는 기도하는 사람들에게 달려가 베드로가 대문 밖에 있음을 알렸다.

그러나 예전에 사도들이 예수님께서 부활하셨다고 전하던 여인들을 향해 허탄한 말을 한다고 여겼던 것처럼(눅 24:10-11), 로데도 "네가 미쳤다"(행 12:15)라는 말을 들으며 불신과 비난을 받았다. 감사하게도 로데는 포기하지 않았다. 로데는 자신이 들은 것을 믿었다. 사람들은 로데가 베드로의 천사를 보았다고 결론지었지만, 로데는 끈질기게 자신이 들은 바를 이야기했다. 그리고 베드로는 계속 문을 두드렸다. 마침내 그들은 문을 열었고 정말 베드로가 서 있는 것을 보고 깜짝 놀랐다.

그때 사람들이 얼마나 기뻐하고 환호했을지 짐작이 갈 것이다! 그러나 베드로는 그들에게 조용히 하라고 손짓했다. 베드로는 그들에게 전할 소식이 있었다! 그는 주님께서 자신을 감옥에서 끌어내신 것을 자랑하고자 했고, 모든 영광을 하나님께 돌렸다. 베드로를 위한 교회의 간절한 기도는 효과가 있었다.

빌립보 감옥에서의 기도

감옥에 갇혔던 사람은 베드로 한 사람만이 아니었다. 사도행전 16장 20-40절을 보면, 바울과 실라는 빌립보에서 했던 말과 행동으로 인해 치안관들 앞에서 고발을 당했다. 그들은 채찍을 맞고 감옥에 갇혀 발에는 차꼬가 채워졌다. 그러나 바울과 실라는 고통과 절망 속에서 몸부림치는 대신 하나님께 기도하고 찬양했다!
　바울과 실라가 감옥에서 기도하고 하나님을 찬미하는 동안 다른 죄수들도 그 소리를 듣고 있었다. 고통과 핍박 가운데서도 그들은 기도로 복음을 전하고 있었다. 이는 가히 최고의 전도였다. 바울과 실라가 기도와 찬송으로 하늘의 기초를 흔들자, 하늘은 지진으로 감옥의 기초를 흔들었다. 이로 인해 감옥 문이 열리고 모든 사람의 매인 것이 다 벗어졌다. 다시 한번 주권자이신 주님은 하나님의 백성의 기도에 응답하셔서 자신의 능력을 나타내셨다.
　우리는 혼자 있을 때든지 다른 사람이 들을 수 있을 때든지 자주 기도하고 찬송해야 한다. 누가 듣고 있는지 알 수 없기 때문이다. 우리의 자녀들은 우리가 무릎을 꿇고 기도하는 모습을 보고 주님을 찬양하는 소리를 듣는다. 종종 아이들도 똑같이 행동할 것이다. 나의 큰딸은 인형에게 찬송을 불러 주고 성경을 읽어 주곤 했는데, 교회에서 동생이나 어린아이들을 돌보며 놀이가 현실로 변하게 되었다.

누가는 바울의 사역에서 기도가 중요한 부분임을 분명히 밝히고 있다(행 20:36; 21:5; 22:17; 28:8). 이 사실은 바울이 여러 교회에 보낸 편지에 기록된 기도를 연구할 때 더욱 분명해진다. 몇 가지를 살펴볼 것이다.

찬양 보고서

바울의 사명은 제자들이 주님 안에서 굳게 서도록 하는 것이었다. 이에 디모데가 바울에게 전한 데살로니가 교회에 대한 소식은 감사로 이어졌다(살전 3:6-10). 바울과 실루아노와 디모데는 하나님 앞에서 마음이 벅차올라 데살로니가 성도들에게 믿음을 더 가르쳐 줄 기회를 주시길 끊임없이 기도했다. 격려의 말 한마디가 우리의 지친 영혼에 얼마나 활력을 불어넣어 주는지 모른다! 주님께서 우리에게 다른 제자들의 굳건한 믿음을 알 수 있는 기회를 주실 때, 우리는 그들의 삶에서 주님께서 이루시는 성화의 역사에 감사하게 될 것이다.

바울의 감사는 그의 간구에 힘을 불어넣어 준다(살전 3:11-13). 바울은 데살로니가 성도들을 위해 "하나님 우리 아버지와 우리 주 예수는 우리 길을 너희에게로 갈 수 있게 하시"기를(살전 3:11) 기도했다. 바울은 데살로니가 사람들에 대한 그의 사랑이 점점 더 커지고 풍성해지듯, 주님께서 "[데살로니가 성도들이] 피차간과 모든 사람에 대한 사랑이 더욱 많아 넘치게 하"시기를(살전 3:12) 원했다.

그는 주님께서 그들을 거룩하게 하시고 "[그들의] 마음을 굳건하게 하시고 우리 주 예수께서 그의 모든 성도와 함께 강림하실 때에 하나님 우리 아버지 앞에서 거룩함에 흠이 없게 하시기를"(살전 3:13) 간구했다.

바울은 기도 중에 데살로니가 성도들의 현재 삶이 장차 그리스도께서 그의 성도들과 함께 다시 오실 미래와 긴밀하게 연결되어 있음을 인식했다(살전 3:13). 스가랴 선지자도 거룩함을 여호와의 날이 오는 것과 연결시켰다. "그 날에는 말 방울에까지 여호와께 성결이라 기록될 것이라…"(슥 14:20). 여호와 하나님은 자신의 백성을 거룩하게 하시기 위해 죄에서 구원하셨다.

바울의 기도는 오늘날 우리의 모델이 된다. 우리는 하늘에 계신 아버지께 자주 부르짖어야 한다. 사탄이 우리의 사역을 방해하고 있다고 느낄 때, 우리의 발걸음을 열매를 맺는 길로 인도해 달라고 하나님께 간구해야 한다.

우리가 다른 사람들을 제자로 삼을 때, 그들의 마음이 주님을 사랑하고 다른 이들을 사랑할 수 있도록 주님께 기도해야 한다. 우리는 화를 잘 내거나 참을성이 없는 성도들을 거룩하게 하시는 분이 주님이심을 알아야 한다. 우리는 그리스도의 재림에 초점을 맞추고 하나님의 영광을 위해 살도록 하나님의 은혜에 의지하며 함께 거룩함을 위해 노력해야 한다.

데살로니가 교회를 위해 하나님을 찬양하다

데살로니가후서 1장 3-10절에서 바울은 데살로니가 교회에서 역사하시는 하나님의 은혜를 인식하고 여러 가지 일들로 인해 하나님을 찬양한다. 바울은 그들의 "믿음이 더욱 자라"남(살후 1:3)으로 인해 하나님께 감사함으로써 찬양을 시작한다. 데살로니가 성도들의 믿음은 걸음마를 떼고 있는 것이 아니었다. 그들의 믿음은 비약적으로 성장하고 있었다.

바울은 또한 "각기 서로 사랑함이 풍성함"(살후 1:3)으로 말미암아 하나님께 감사한다. 이것은 자연스레 되는 일이 아니다. 우리는 이 기적이지만, 하나님의 은혜와 평강이 데살로니가 교회에 강하게 역사함으로써, 성도들의 서로에 대한 사랑이 커져 갔다.

바울과 그의 동역자들은 "견디고 있는 모든 박해와 환난 중에서 너희[그들의] 인내와 믿음으로 말미암아"(살후 1:4) 바울이 만난 여러 교회에 데살로니가 성도들을 친히 자랑하기까지 했다. 만약 믿음과 사랑이 약해지는 때가 있다면, 바로 박해와 고난의 때일 것이다. 그럴 때 우리는 하나님의 임재와 약속에 의문을 제기하며 우리를 향한 하나님의 사랑을 의심하거나, 하나님이 우리에게 베푸신 은혜와 평안을 잊어버리고 다른 사람들에게 베푸는 일에도 실패하기 쉽다. 그러나 바울은 데살로니가 성도들의 삶에 베푸신 은혜로 인해 하나님을 찬양하며 기도의 중심으로 나아간다.

데살로니가 성도들을 위한 지속적인 기도

데살로니가 성도들을 위한 바울의 기도는 꾸준했다. 바울에게 있어서 자신이 세운 교회는 자신의 자녀와 같았다(살전 2:7). 바울의 마음과 생각 속에서 그가 세운 교회들이 떠난 적이 없었다. 바울은 항상 그 교회들을 위해 기도했다. 데살로니가후서 1장 11-12절에서 바울은 그 교회들을 부르심에 합당하도록 만들어 주시길 하나님께 간구했다. 즉 바울은 그들의 성화를 위해 기도했다.

하나님은 우리를 어둠과 죄에서 불러내어 빛과 그분의 아들의 순결함으로 들어가게 하신다. 우리는 죄에서 해방되어 거룩해졌다. 우리가 하나님의 부르심에 합당한 자격을 갖추어서 그분의 부르심을 받은 것이 아니다. 우리는 먼저 하나님의 부르심을 받았고, 하나님의 은혜로 부르심에 합당하게 된 것이다.

바울도 하나님께서 모든 선한 뜻과 믿음의 역사를 능력으로 이루시기를 간구했다. 바울은 사람의 결심과 노력이 하나님의 능력을 떠나서는 아무것도 아님을 알고 있었다. 만약 데살로니가 성도들이 하나님께 영광을 돌리고 그분 안에서 영광을 받으려면 그 일들이 하나님의 은혜와 능력으로부터 시작되어야만 했다.

당신과 나도 마찬가지다. 우리는 자신을 하나님의 부르심에 합당하게 만들 수 없다. 하나님은 우리가 아직 죄인 되었을 때 우리를 부르시고, 그리스도께 합당하게 살아갈 수 있도록 은혜와 능력을 주신다. 마찬가지로, 우리는 스스로 선해지겠다고 결심할 수 없다. 우리의 결심이 열매를 맺기 위해서는 하나님의 능력이 필요하다.

그리고 우리는 하나님의 능력 없이는 주님을 위해 일할 수 없다. 하나님의 부르심에 합당한 삶은 하나님의 은혜와 능력에 뿌리를 두고 있다. 이것이 우리의 가족들과 교회의 지체들 모두를 위한 바람직한 기도다. **아버지, 우리가 당신의 부르심에 합당하게 행할 수 있도록 은혜와 능력을 허락해 주십시오.**

에베소 교회를 위한 감사의 기도

에베소 성도들을 위한 바울의 감사기도(엡 1:15-23)는 믿는 자들이 그리스도 안에서 누리는 영적인 축복에 기초를 두고 있다(엡 1:3-14).

그중에서도 바울은 특히 "주 예수 안에서 너희[그들의] 믿음과 모든 성도를 향한 사랑"(엡 1:15)에 감사하고 있다. 그들의 사랑에는 차별이 없다. 하나님은 우리에게 그리스도 안에 있는 형제자매들, 심지어 우리가 사랑하기 어려운 사람들까지 사랑하라고 하신다.

바울이 귀로 들은 것(그들의 믿음과 사랑)은 바울의 마음을 감사로 가득 채웠고, 이로 인해 그의 입술은 "감사하기를 그치지"(엡 1:16) 않았다. 우리가 형제자매의 믿음과 사랑에 대해 들을 때, 그들을 위해 진심으로 기도해야 한다는 사실을 깨닫게 해 주는 아름다운 말씀이다.

바울은 독자들의 눈을 들어 "우리 주 예수 그리스도의 하나님, 영광의 아버지"(엡 1:17)를 바라보게 한다. 아버지께서 그리스도를 통해 행하신 일은 참으로 영광스럽기 때문이다. 그리고 모든 영광이 하나님의 신격 안에 거한다. 바울은 에베소 성도들에게 하나님을 아는 더 깊고 부요한 지식, 즉 하나님에 관한 '지식'이 아니라 하나님을 참되고 친밀하게 알아 가는 아름다운 '관계'를 주시기를 기도한다.

신자들 안에 역사하시는 성령님은 그들이 지혜와 계시의 영을 얻을 수 있는 유일한 방법이며, 그들에게(그리고 우리에게) 그리스도 안에서 누리는 모든 영적인 축복을 더 정확하고 깊이 알 수 있는 영적 안목을 주신다.

바울은 신자들이 "그의 부르심의 소망"(엡 1:18)에 대해 더 분명한 시선을 가질 수 있기를 원했다. 로마서 8장 28-30절은 이렇게 기록한다. "우리가 알거니와 하나님을 사랑하는 자 곧 그의 뜻대로 부르심을 입은 자들에게는 모든 것이 합력하여 선을 이루느니라 하나님이 미리 아신 자들을 또한 그 아들의 형상을 본받게 하기 위하여 미리 정하셨으니 이는 그로 많은 형제 중에서 맏아들이 되게 하려 하심이니라 또 미리 정하신 그들을 또한 부르시고 부르신 그들을 또한 의롭다 하시고 의롭다 하신 그들을 또한 영화롭게 하셨느니라." 이 말씀은 우리의 소망이 하나님께서 우리를 그분의 자녀로 부르셨던 과거에 뿌리를 두고 있음을 이해하는 데 도움을 준다.

그것은 우리가 칭의와 양자됨, 성화의 유익을 누리는 현재에도 진행되고 있다. 더 나아가 우리의 소망은 언젠가 그리스도와 같이 되어 그분과 함께 영원히 통치하게 될 미래에도 고정되어 있다.

또한 바울은 신자들이 "성도 안에서 그 기업의 영광의 풍성함"(엡 1:18)에 대해 더욱 예리한 시선을 갖기 원했다. 신자들이 하나님의 부요하고 영광스러운 기업이라는 사실을 생각해 보라! 하나님은 우리를 그분의 소중한 소유로 선택하셨다(출 19:6; 벧전 2:9-10). 우리가 이 진리를 깨달을 때, 우리의 심령이 노래하게 될 것이다! 그러한 지식은 우리가 하나님을 더 알고 싶어 하도록 자극한다. 확실한 정체성을 갈망하는 문화 속에서 우리는 한 가지를 확신할 수 있다. 하나님의 백성은 그분의 보물이다.

더욱이 바울은 "믿는 우리에게 베푸신 능력의 지극히 크심"(엡 1:19)에 대해서도 신자들이 더 나은 시선을 갖기를 기도한다. 하나님의 능력은 측량할 수 없을 만큼 크다. 이 능력은 세상을 위한 것이 아니라 신자들을 위한 것이다. 그리고 하나님의 능력은 "그의 힘의 위력으로 역사하심"(엡 1:19)에 따른 것이다.

다시 말해, 하나님은 그리스도 안에서 크고 강하게 역사하셨고, 그 능력은 신자들의 삶에도 동일하게 나타난다. 이 능력은 하나님께서 우리를 그분의 소유로 부르신 삶을 살아가기 위해 필요한 전부다. 죄가 우리를 무너뜨리려고 위협할 때 우리가 붙잡아야 할 힘이며, 고통이 우리의 문을 두드릴 때 기억해야 할 능력이다. 또한 하나님을 위한 사역이 우리의 능력을 훨씬 넘어서서 포기하고 싶을 때 우리를 지탱해 주는 힘이다. 그런 힘이 모든 것을 바꾼다!

바울은 에베소 성도들이 하나님의 능력이 얼마나 크신지 이해하도록 그리스도의 부활과 승천에 대한 예를 제시한다. "그의 능력이 그리스도 안에서 역사하사 죽은 자들 가운데서 다시 살리시고 하늘에서 자기의 오른편에 앉히사"(엡 1:20). 하나님은 그리스도 안에서 역사하신 능력, 예수님을 죽은 자 가운데서 일으키시고 영광 중에 높이신 능력을 그분의 자녀들에게 주신다.

바울은 에베소서 1장 20절에서 신약성경에서 가장 많이 인용되는 시편 110편 1절을 언급한다. 성부 하나님은 성자 예수님께 말씀하신다. "내가 네 원수들로 네 발판이 되게 하기까지 너는 내 오른쪽에 앉아 있으라." 삼위 하나님의 위격들 가운데 역사하신 능력은 교회의 일원인 성도들 사이에 동일하게 역사한다. 정말 놀라운 소식이지 않은가!

바울은 계속해서 이야기한다. 그는 특별히 로마 황제가 신격화되는 상황에서 그리스도께서 "모든 통치와 권세와 능력과 주권과 이 세상뿐 아니라 오는 세상에 일컫는 모든 이름 위에 뛰어나"심을(엡 1:21) 강조하고 싶었다. 이에 대해 바울은 또 다른 시편을 인용한다.

"주의 손으로 만드신 것을 다스리게 하시고 만물을 그의 발 아래 두셨으니"(시 8:6).

시편의 맥락에서 보면 다윗은 인간이 하나님께 받은 통치권에 대해 언급하고 있다. 물론 그 통치권은 타락으로 인해 훼손되었지만 문화명령(창 1:28 참조)은 여전히 유효했다.

바울의 요점은 둘째 아담이신 그리스도가 "만물을 그의 발 아래에 복종하게"(엡 1:22) 하신 분으로써, 시편의 궁극적인 성취라는 것이다. 하나님 아버지는 그리스도께 그분의 손으로 행하신 일들을 다스리는 권세를 주셨고 만물을 그의 발 아래 두셨다.

하나님은 만유의 주이신 그리스도를 교회에 주셨다. "교회는 그의 몸이니 만물 안에서 만물을 충만하게 하시는 이의 충만함"(엡 1:23)이다. 그래서 교회의 머리이신 그리스도는 온 우주를 가득 채우신 그분의 충만함으로 교회를 채우실 수 있다. 이 사실로 인해 교회를 향한 우리의 생각이 변화되어야 한다!

교회는 하나님께서 세상에 자신의 능력을 나타내시는 수단이다.

하나님은 교회를 통해 영광을 받으시고, 복음을 선포하고, 세상을 변화시키시는 목적을 가지고 계신다. 이는 우리가 예수 그리스도의 이름으로 교회를 세우기 위해 하는 모든 일이, 하나님의 영원한 목적과 일치한다는 것을 의미한다. 당신은 교회 지체들이 세상 속에서 하나님의 능력을 나타내는 도구로 사용되기를 얼마나 자주 기도하고 있는가?

속사람의 강건함을 위한 기도

기도는 우리가 소홀히 해서는 안 되는 엄청난 특권이자 은혜의 수단이다. 우리는 기도를 통해 우리를 향한 하나님의 엄청난 사랑을 알게 된다. 또한 그리스도의 집을 위해 우리의 마음을 바친다는 것이 무엇을 의미하는지 배우게 된다.

우리는 에베소서 3장 14-21절에서 바울이 사랑했던 에베소 교회를 위한 또 다른 기도를 읽는다. 그는 "하늘과 땅에 있는 각 족속에게 이름을 주신 아버지"(엡 3:14-15)로 기도를 시작한다. 바울은 유대인들만의 아버지나 이방인들만의 아버지께 기도하는 것이 아니라, 유대인이나 이방인, 남자나 여자, 종이나 자유인을 막론하고 구원받은 모든 사람의 아버지께 기도한다.

하늘(승리한 교회)과 땅(투쟁하는 교회)에 있는 구원받은 자의 아버지는 우리에게 하나님의 자녀라는 신분을 주시는 참 아버지이시다. 그분은 "우리 주 그리스도 예수 안에서 예정하신 뜻대로 하신 것이라 우리가 그 안에서 그를 믿음으로 말미암아 담대함과 확신을 가지고 하나님께 나아감을"(엡 3:11-12) 얻었음으로 경배하는 우리의 아버지이시다.

이런 진리는 우리가 무릎을 꿇고 기도하도록 이끈다. 우리의 마음은 삼위일체 하나님을 향해 뜨거워져야 한다. 우리의 입술은 간구와 찬양을 위해 움직이며, 우리의 귀는 하나님의 말씀을 듣고 말씀을 따라 기도하기 위해 열려야 하며, 우리의 손은 우리의 아버지이시자 구원자이시며 보혜사이신 그분을 찬양하기 위해 들어야 한다. 은혜의 보좌 앞에서 간구하는 바울의 기도가 우리에게 교훈을 준다.

바울의 주된 간구는 신자들이 "그의 성령으로 말미암아 너희[그들의] 속사람을 능력으로 강건하게"(엡 3:16) 되는 것이다. 바울의 요청은 그의 편지에 이미 기록했던 하나님의 영광의 부요함(엡 1:3-14, 18; 2:4-7; 3:8)과 성령님의 능력으로 인해 담대할 수 있었다. 바울은 그리스도께서 신자들의 믿음으로 말미암아 그들의 마음에 거하시기를 원했다. 물론 그리스도께서 그들의 마음에 거하지 않으신다는 것이 아니다. 그랬다면 바울은 그들이 그분 안에서 누리는 부요함에 대해 말할 수 없었을 것이다(엡 1:3-14).

그러나 바울은 에베소 성도들이 그리스도를 우리 마음의 손님으로 맞이하는 것과, 그분이 우리 마음의 주인이자 관리자로서 영원히 거하시기를 구하는 것에는 차이가 있음을 이해하길 원했다. 다시 말해 바울은 우리가 그리스도, 정확히는 그리스도의 사랑에 의해 통치되기를 원했다. 실제로 바울은 우리가 그리스도의 사랑에 뿌리를 박고 터를 잡기를 강조했다(엡 3:17).

이 두 가지 이미지는 농업과 건축이라는 서로 다른 분야에서 가져왔다. 그리스도의 사랑은 그분에 대한 사랑과 이웃에 대한 사랑이 자라는 토양이다. 또한 그리스도의 사랑은 그분에 대한 사랑과 이웃에 대한 사랑이 세워지는 기초다. 그 반대일 수는 없다. "우리가 사랑함은 그가 먼저 우리를 사랑하셨음이라"(요일 4:19). 그러나 우리가 그리스도의 사랑을 이해하기 위해서는 능력이 필요하다.

바울은 헤아릴 수 없는 것을 설명하는 데 어려움을 느끼고, "너비와 길이와 높이와 깊이"(엡 3:19)라는 측량 용어를 사용했다. 우리가 그리스도의 영원한 사랑을 이해하기 위해서는 하나님의 능력과 하나님의 성도들이 필요하다. 그때 우리는 그것을 완전하게는 아니더라도 진정으로 이해하기 시작할 것이고, 점점 더 많이 배우게 될 것이다. 성도들의 속사람이 강건해지기를 기도하는 바울의 가장 큰 소망은 무엇인가? 그것은 "하나님의 모든 충만하신 것으로 너희에게 [그들에게] 충만하게 하시"는(엡 3:19) 것, 다시 말해 그들이 그리스도를 닮아 가는 것이다.

바울의 기도는 하나님의 선하심과 영광을 위한 송영, 즉 찬양의 선포로 절정에 이른다.

"우리 가운데서 역사하시는 능력대로 우리가 구하거나 생각하는 모든 것에 더 넘치도록 능히 하실 이에게 교회 안에서와 그리스도 예수 안에서 영광이 대대로 영원무궁하기를 원하노라 아멘"(엡 3:20-21).

바울은 하나님의 능력에 대한 강력한 근거를 마련하는 데 주의를 기울인다. 하나님은 하시는 일에 능하시며 모든 것을 하실 수 있다. 하나님은 훨씬 더 많은 일을 하실 수 있으며 더욱 부요하게 능력을 나타내실 수 있다. 하나님은 우리가 구하는 모든 것에 더 넘치도록 하실 수 있다. 그리고 이 모든 것은 "우리 가운데서 역사하시는 능력대로"(엡 3:20) 이루어진다.

예수 그리스도를 죽은 자 가운데서 일으키신 능력이 우리 안에도 동일하게 역사한다(엡 1:19-20). 우리에겐 부활의 능력이 있다! 한 세대에서 다음 세대로, 또 다음 세대로 하나님의 풍성한 지혜가 모든 사람에게 나타날 때, 하나님은 그리스도와 그분의 교회 안에서 찬양받으실 것이다.

우리를 향한 위대한 하나님의 사랑에 압도될수록 우리는 무릎을 꿇고 기도하게 될 것이며, 그리스도께서 우리 마음의 관리자이자 주인으로서 마음에 거하시도록 열심을 내게 될 것이다. 이는 곧 기도와 찬양의 삶으로 이어져 우리 안에서 그리고 형제자매들 안에서 역사하시는 하나님의 능력을 보게 될 뿐만 아니라, 그리스도와 교회를 통해 그분의 영광을 대대로 드러내게 될 것이다.

빌립보 성도들을 위해 하나님을 찬양하다

엄마로서 아이들이 감사를 표현할 때 참으로 기쁘다. 나는 아이들을 도와주는 것을 좋아한다. 아이들이 고마워하든 말든 상관없이 그들의 식사를 챙기고 필요를 채워 주지만, "고마워요 엄마."라는 말을 듣는 것은 기쁘다. 하늘에 계신 우리 아버지께도 마찬가지이다. 하나님은 우리의 감사를 듣고 기뻐하신다. 감사는 우리가 기도할 때 하나님을 찬양하는 방법 중 하나다.

바울은 하나님께 감사하는 기쁨을 배웠다. 빌립보 성도들을 위한 그의 기도는(빌 1:3-11) 물질적인 축복의 목록으로 시작하지 않고, 하나님께서 그의 삶에 허락하신 이들의 이름으로 시작한다. 바울은 빌립보 성도들과 함께한 추억에 대해 하나님께 감사하고 있다.

바울은 빌립보 성도들을 위해 기도할 때마다, 그들로 인해 하나님께 감사하는 것으로 시작했다. "내가 너희를 생각할 때마다 나의 하나님께 감사하며"(빌 1:3). 물론 여기에는 데살로니가에서 그의 필요를 채우기 위해 보낸 선물과 같은 물질적 축복에 대한 감사도 포함되었다(빌 4:14-18). 하지만 빌립보 성도들은 금전적인 선물만 준 것이 아니다. 바울은 빌립보 교회를 개척한 때부터 지금까지 그들이 "복음을 위한 일에 참여"한(빌 1:5) 것, 즉 그들이 각자의 영역에서 복음의 메시지를 전하기 위해 노력한 모든 것에 감사했다. 이러한 복음 안에서의 교제는 바울을 기쁨으로 가득 채웠다.

바울이 빌립보 성도들 모두에게 감사했다는 점도 눈여겨볼 만하다. 그는 편애하는 사람이 없었다. 교회에 속한 모든 성도를 사랑하고 그들을 위해 감사하는 것이 어렵다고 느껴지는가? 바울의 마음이 하나님께서 그분의 자녀 한 사람 한 사람을 거룩하게 하시고 그리스도께서 다시 오실 때까지 보존하실 것이라는 확신에 뿌리를 두고 있음에 주목하라. "너희 안에서 착한 일을 시작하신 이가 그리스도 예수의 날까지 이루실 줄을 우리는 확신하노라"(빌 1:6).

바울은 빌립보 성도들이 "은혜에 참여한 자"(빌 1:7)임을 알았기 때문에, 그들의 구원과 성화를 확신했고 그리스도 예수의 마음으로 사랑했다. 빌립보 성도들은 바울의 애정 어린 마음을 볼 수 없었기에, 바울은 우리 마음을 완전하고 옳게 아시는 유일한 분이신 하나님(렘 17:9-10)을 자신의 증인으로 삼아 "[그들] 무리를 얼마나 사모하는지"(빌 1:8) 전해지길 간청했다.

이는 그리스도와의 연합과 빌립보 성도들과의 교제에 기초한 마음이었다. 당신은 예수 그리스도의 사랑으로 교회의 모든 식구를 사모한다고 솔직하게 말할 수 있는가? 그리고 당신은 애정 어린 마음으로 그들을 위해 기도하는가?

빌립보 교회를 위한 바울의 주된 기도는 그들의 "사랑을 지식과 모든 총명으로 점점 더 풍성하게"(빌 1:9) 하는 것이었다. 고린도 성도들에게 보낸 편지에서는 사랑이 믿음과 소망보다 더 크다고 쓰기도 했다(고전 13:13). 그 이유는 그리스도께서 다시 오실 때 우리의 믿음은 눈에 보이고 소망은 실현될 것이지만, 사랑하는 구주와 서로를 향한 사랑은 영원토록 계속될 것이기 때문이다.

빌립보 성도들이 넘치는 사랑을 가지기를 바라는 바울의 기도는 다음과 같은 그리스도의 명령을 반영한다. "새 계명을 너희에게 주노니 서로 사랑하라 내가 너희를 사랑한 것 같이 너희도 서로 사랑하라 너희가 서로 사랑하면 이로써 모든 사람이 너희가 내 제자인 줄 알리라"(요 13:34-35). 물론 예수님의 말씀은 새로운 것이 아니었다. 그 말씀은 다음과 같은 하나님의 율법에 뿌리를 두고 있었다. "너는 마음을 다하고 뜻을 다하고 힘을 다하여 네 하나님 여호와를 사랑하라"(신 6:5)는 말씀과 "네 이웃 사랑하기를 네 자신과 같이 사랑하라"(레 19:18)는 말씀이다.

사랑에 대한 바울의 정의는 실체를 가지고 있다. 그것은 밸런타인데이 카드에서 읽거나 사랑 노래에서 부르는 그런 종류의 사랑이 아니다. 지식이 풍부하고 분별력 있는 사랑이다. 바울은 "[그들의] 사랑을 지식과 모든 총명으로 점점 더 풍성하게"(빌 1:9) 해 주시길 기도한다. 이 사랑은 하나님의 거룩한 뜻에 대한 지식과 위로부터 오는 영적인 지혜와 총명으로 묶여 있다(골 1:9; 약 3:17-18).

이렇게 지식이 풍부하고 분별력 있는 사랑은 그 자체가 목적이 아니라 목적을 위한 수단이다. 이 사랑은 우리에게 가장 아름다운 것을 분별하는 능력을 준다. 이는 우리가 신랑이 다시 오시는 날에 그리스도의 신부로서 순결하고 흠이 없게 될 것을 의미한다. 또한 우리가 그리스도를 통해 오는 의의 열매로 가득 차게 될 것이라는 의미이기도 하다. 우리는 이 풍성한 사랑과 의로운 열매를 통해 하나님께 영광을 돌리게 될 것이다. 이 사랑은 처음부터 끝까지 하나님의 은혜로운 사역이며, 이로 인해 하나님은 찬양을 받으실 것이다.

의의 열매에 대한 이미지는 구약성경에 뿌리를 두고 있다. 사실 시편 전체의 서문 역할을 하는 시편 1편에서 시편 기자는 의인과 악인 사이의 대조를 묘사한다. 그리고 이는 책 전체에 걸쳐 실타래처럼 이어진다. 의인은 "시냇가에 심은 나무가 철을 따라 열매를 맺"는 것과 같을 것이다(시 1:3; 잠 11:30; 렘 17:7-8 참조).

예수님은 요한복음 15장 1-5절에서 이 비유를 사용하셔서 자기 안에 거하는 자만이 많은 열매를 맺을 것이라고 제자들에게 가르치셨다. 의의 열매는 우리의 의지가 아닌 오직 하나님의 영으로만 가능하다(갈 5:22-23). 그리고 그것은 쉽게 이루어지지 않는다. 하나님은 우리 삶에서 의의 열매를 맺어 그분의 영광과 찬양이 되도록 우리를 연단하신다(히 12:11).

주변 사람들에게 기도라는 선물을 줄 준비가 되었는가? 다른 사람들을 위해 어떻게 기도해야 할지 물어보고, 꾸준히 실천하기를 결심하라. 은혜의 보좌 앞에서 그들의 이름을 부르라. 그들을 향한 당신의 사랑이 커지고, 그들의 삶을 위해 더욱 헌신하고 그들을 위한 최선의 것을 구하게 될 것이다.

이는 시간과 노력이 필요하지만 성경은 우리에게 기도하라고 권고한다. 기도는 하나님께서 우리에게 주신 은혜의 수단이다. 하늘에 계신 아버지께서 당신의 기도를 듣길 원하신다. 그분은 당신의 가족과 친구들을 돌보신다. 하나님께서 당신의 음성을 들으실 때 그분은 당신에게 관심을 기울이신다. 하나님은 은혜와 자비를 베푸실 준비가 되어 있으시다. 지체하지 말고 오늘 하나님 앞에 나아가 그분과 대화하라.

더 깊은 묵상과 기도를 위한 질문

1. 누군가를 위해 정기적으로 기도해 주겠다고 제안한 적이 있다면 이야기해 보라. 그 사람에게는 그 일이 어떤 의미였는가? 당신의 기도는 두 사람의 관계를 더 좋게 바꾸었는가?

2. 당신의 교회는 모든 사역에서 기도를 우선한다는 사실을 어떻게 보여 주고 있는가? 어떤 면에서 성장할 여지가 있는가?

3. 당신의 기도와 찬송을 사용하셔서, 구원을 주시거나 더 깊은 믿음을 허락해 달라고 하나님께 간구해야 하는 대상은 누구인가?

4. 어떠한 시련에도 믿음을 굳게 지키고 하나님의 은혜가 역사하는 모습을 보여 주는 사람이 주변에 있는가? 하나님께서 그 사람을 통해 행하시는 일을 바라보며 하나님을 찬양하라.

5. 하나님께서 당신이 섬기는 교회의 목회자와 장로들에게 그분의 부르심에 합당하게 행할 수 있도록 하나님의 은혜와 능력을 주시기를 기도하라(살후 1:11-12).

6. 당신이 섬기는 교회 성도들이 예수님의 이름으로 행하는 일의 가치를 이해하고, 그들이 영원한 가치를 지닌 일을 하고 있다는 사실을 깨달으며 열심히 봉사할 수 있도록 기도하라.

7. 하나님의 사랑에 대한 우리의 이해가 깊어질수록 기도 생활에 어떤 변화가 일어나는가?

8. 당신의 기도가 감사로 가득 차는 것이 중요한 이유는 무엇인가? 당신은 기도할 때 어떻게 감사를 표현하는가?

9. 이 장에서 배운 내용을 토대로 하나님을 향한 기도문을 작성해 보라.

10. 빌립보서 1장 9-11절을 암송해 보라.

10.

곧 오실 주님

- 왕국의 완성

새 하늘과 새 땅에서는 어떤 기도가 펼쳐질지 궁금한가? 당신은 더 이상 상한 몸과 마음으로 인한 고통을 없애 달라고 주님께 기도하지 않을 것이다. 사랑하는 사람을 죽음에서 구해 달라고 기도하는 일도 없을 것이다. 더 이상 당신이 직면한 불의에 대해 슬퍼하지 않을 것이다. 학교 친구가 없어 울고 있는 자녀를 위로해 달라고 구할 필요도 없을 것이다. 더 이상 주님께서 당신을 악한 자로부터 구원해 주시기를, 부도덕함과 우상숭배의 유혹에서 해방시켜 주시기를 기도하지도 않을 것이다. 살인과 거짓말과 온갖 범죄로부터 당신과 사랑하는 사람들을 보호해 달라고 하나님께 간청하는 일도 그칠 것이다.

자녀의 비행이나 암 치료, 결혼 생활의 상처, 불임, 부상이나 질병, 실직이나 재정적 어려움을 위한 기도도 없을 것이다. 더 이상 분노와 우울증, 중독과 절망에서 구원해 달라고 부르짖지 않을 것이다. 공의롭고 바르게 행할 수 있도록, 주님의 길을 이해하고 신뢰하도록 도와 달라고 요청하지도 않을 것이다. 당신의 연약한 믿음과 소망을 강하게 붙들어 달라고 기도하지도 않을 것이다. 인종 갈등의 해결, 낙태 근절, 성매매 근절, 고등학교 중퇴율 감소를 위한 기도도 더 이상 필요하지 않을 것이다. 주님께서 경건하지 못한 지도자들을 겸손하게 하시고 구원해 달라고 기도하지도 않을 것이다. 또한 심각한 죄로 고통받는 나라에 자비를 베풀어 달라고 기도하지도 않을 것이다.

그렇다면 우리는 무엇을 위해 기도할 것인가? 우리는 이미 찬양이 기도의 핵심이라는 사실을 배웠다. 따라서 천국에서 찬양이 중심이 된다는 사실은 놀라운 일이 아니다. "다시 저주가 없으며 하나님과 그 어린 양의 보좌가 그 가운데에 있으리니 그의 종들이 그를 섬기며 그의 얼굴을 볼 터이요 그의 이름도 그들의 이마에 있으리라 다시 밤이 없겠고 등불과 햇빛이 쓸 데 없으니 이는 주 하나님이 그들에게 비치심이라 그들이 세세토록 왕 노릇 하리로다"(계 22:3-5).

새 하늘과 새 땅

우리의 사랑하는 주님이시자 구세주 예수 그리스도께서 구름을 타고 하늘에서 내려오셔서 그분의 신부를 새 하늘과 새 땅으로 인도하실 날이 다가오고 있다. 그때 주님은 산 자와 죽은 자를 심판하실 것이다. 불의한 자들은 지옥에 던져질 것이고 의인들은 새 예루살렘에 거하게 될 것이다. 그리스도의 삶과 죽음, 부활과 승천으로 시작된 하나님의 나라가 마침내 완성되는 것이다.

바울은 고린도전서에서 이렇게 말한다.

"아담 안에서 모든 사람이 죽은 것 같이 그리스도 안에서 모든 사람이 삶을 얻으리라 그러나 각각 자기 차례대로 되리니 먼저는 첫 열매인 그리스도요 다음에는 그가 강림하실 때에 그리스도에게 속한 자요 그 후에는 마지막이니 그가 모든 통치와 모든 권세와 능력을 멸하시고 나라를 아버지 하나님께 바칠 때라 그가 모든 원수를 그 발 아래에 둘 때까지 반드시 왕 노릇 하시리니 맨 나중에 멸망 받을 원수는 사망이니라 만물을 그의 발 아래에 두셨다 하셨으니 만물을 아래에 둔다 말씀하실 때에 만물을 그의 아래에 두신 이가 그 중에 들지 아니한 것이 분명하도다 만물을 그에게 복종하게 하실 때에는 아들 자신도 그 때에 만물을 자기에게 복종하게 하신 이에게 복종하게 되리니 이는 하나님이 만유의 주로서 만유 안에 계시려 하심이라"(고전 15:22-28).

구약 시대 동안 하나님의 백성은 회막이나 성막 또는 성전에 가서 기도했지만, 새 예루살렘에서는 "주 하나님 곧 전능하신 이와 및 어린 양이 그 성전이"(계 21:22) 되신다. "그 성은 해나 달의 비침이 쓸 데 없으니 이는 하나님의 영광이 비치고 어린 양이 그 등불이"(계

21:23) 되시기 때문이다. 언약의 약속은 완전히 성취될 것이다. "보라 하나님의 장막이 사람들과 함께 있으매 하나님이 그들과 함께 계시리니 그들은 하나님의 백성이 되고 하나님은 친히 그들과 함께 계셔서 [그들의 하나님이 되시고]"(계 21:3).

이것은 에덴으로의 회귀가 아니다. 새 예루살렘은 여호와 하나님께서 아담과 하와를 두셨던 동산보다 훨씬 더 뛰어나다. 에덴에서 아담과 하와는 죄를 지을 수 있는 가능성을 가지고 있었으며, 죄를 지으면 안 되는 의무가 있었다. 만일 그들이 순종했다면 그들의 의로움이 확증되었을 것이다. 하지만 그들은 범죄했고, 모든 인류가 첫 번째 범죄로 그들과 함께 타락했다. 그러나 새 예루살렘에서 신자들은 죄를 지을 수가 없다. 새 예루살렘은 에덴보다 더 광대하고, 더 탁월하고, 더 광활하며 모든 족속과 방언과 나라에서 나온 수많은 이들이 영광스러운 몸으로 하나님을 예배하는 곳이다.

새 예루살렘에서의 예배

새 예루살렘에서 어떻게 예배를 드리는지 보기 위해서는 성경의 맨 마지막 책인 요한계시록을 펼쳐야 한다. 요한계시록 전체에 걸쳐 사도 요한은 다양한 노래를 기록했다. 지금 당장 우리는 이 노래들로 찬양을 시작할 수 있다. 히브리서 저자는 이렇게 이야기했다.

"그러나 너희가 이른 곳은 시온 산과 살아 계신 하나님의 도성인 하늘의 예루살렘과 천만 천사와 하늘에 기록된 장자들의 모임과 교회와 만민의 심판자이신 하나님과 및 온전하게 된 의인의 영들과 새 언약의 중보자이신 예수와 및 아벨의 피보다 더 나은 것을 말하는 뿌린 피니라"(히 12:22-24).

그리스도께서 이미 오셨기 때문에 우리도 이미 시온산에 이른 것이다. 천국의 찬양대는 이미 세워졌다. 그러나 예수님이 아직 다시 오시지 않았기 때문에 우리는 아직 완성된 찬양대는 아니다. 새 예루살렘에서의 예배는 지금 우리가 드리는 예배보다 무한히 더 영광스러울 것이며, 더 이상 우리의 예배를 방해하는 죄와 고통은 없을 것이다. 우리는 죄와 고통에서 벗어나 영화롭게 될 것이고, 한 번도 불러 본 적 없는 노래를 부를 것이다!

하나님의 거룩하심과 주권에 대한 찬양

새 하늘과 새 땅에서 우리는 하나님의 거룩하심과 주권을 찬양하게 될 것이다. 하나님만이 만물의 주권자이시며, 홀로 모든 것을 지탱하시는 놀라운 일로 인해 영광과 존귀와 찬양을 받기에 합당하신 분이다(계 4:9-11). 이사야는 이것을 보았다. "웃시야 왕이 죽던 해에 내가 본즉 주께서 높이 들린 보좌에 앉으셨는데…"(사 6:1). 다니엘 또한 이 사실을 알고 있었다. "내가 들은즉 그 세마포 옷을 입고 강물 위쪽에 있는 자가 자기의 좌우 손을 들어 하늘을 향하여 영원히 살아 계시는 이를 가리켜 맹세하여…"(단 12:7). 잠시 동안 존재하는 세상의 왕들과는 달리, 하나님은 "하늘의 왕"으로 "그의 일이 다 진실하고 그의 행하심이 의로우시"다(단 4:37).

이 땅에서 우리가 경험할 수 있는 가장 놀라운 예배는 언젠가 오게 될 그날의 예배에 대한 단편일 뿐이다. 따라서 우리는 그날을 기다리며 희망과 기쁨으로 가득 차 있어야 한다. 이 땅에서 그리스도를 예배하는 것은 우리가 가진 가장 역동적인 증거의 도구 중 하나다. 우리가 매주 주일 예배를 위해 집을 나서는 모습을 지켜보는 이웃들은 우리가 섬기는 하나님에 대해 궁금해할 것이며, 성령님의 일하심으로 그들의 마음이 부드러워져 그분을 예배하는 데 동참하게 될 것이다.

경배받으시기 합당한 하나님을 향한 찬양

신자들은 경배받으시기 합당한 하나님을 영원히 찬양하는 시간을 보낼 것이다. 요한계시록 5장 9-10절에서 우리는 성도들이 부르는 "새 노래"를 배우게 된다. 구약성경에서 이 노래는 하나님의 창조,

의로우심, 구원, 공의(시 33:3-6; 96:1, 98:1; 149:1), 멸망에 대한 승리(시 40:1-3), 전쟁에서의 승리(시 144:9-10)와 같은 주제와 연결되어 있다. 요한계시록에서 새 노래는 그리스도의 죽음과 부활, 승천으로 시작되어 재림 때 완성될 그리스도의 구속과 관련되어 있다. 이 또한 구약성경에서 예견한 일이었다(출 12:1-28; 사 53:7; 단 7:10, 22-27; 12:9).

천사들은 그리스도의 구속 사역에 대한 찬양에 동참하여, 그분의 일곱 가지 성품을 고백하며, 주님께서 영원히 경배받기 합당하심을 선포한다(계 5:11-12). 그리스도는 그분의 "능력과 부와 지혜와 힘과 존귀와 영광과 찬송"(계 5:12)으로 인해 경배를 받으신다(대상 29:11-12; 단 2:20; 7:10).

피조물과 장로들 역시 엎드려 경배한다(계 5:13-14; 단 7:13-27). 피조물들은 어린양의 네 가지 성품을 언급하며 온전히 경배받기에 합당하신 주님을 찬양한다. 그분은 영원토록 "찬송과 존귀와 영광과 권능을"(계 5:13) 받기에 합당하신 분이다.

성부 하나님과 성자 예수님은 어디에서나 모든 피조물에게 경배를 받으시며, 마지막 때에는 "하늘에 있는 자들과 땅에 있는 자들과 땅 아래에 있는 자들로 모든 무릎을 예수의 이름에 꿇게 하시고 모든 입으로 예수 그리스도를 주라 시인하여 하나님 아버지께 영광을 돌리게 하"실(빌 2:10-11) 것이다. 오늘은 여전히 구원의 날이다. 믿지 않는 가족들과 친구들, 이웃들과 직장 동료를 위해 기도하며 하나님께 그들을 구원해 주시도록 간구하자.

하나님의 구원을 찬양

새 하늘과 새 땅에서 우리는 하나님의 구원 사역을 찬양하게 될 것이다. 요한계시록 7장 9절에서 "각 나라와 족속과 백성과 방언에서 아무도 능히 셀 수 없는 큰 무리가" 하나님께 예배하는 것을 읽는다(계 7:10-12). 이 예배의 모습은 우리보다 먼저 간 성도들이 드리는 예배로서 부분적으로 이미 성취되었다. 그러나 새 하늘과 새 땅이 모두 하나님의 백성으로 가득 차게 될 마지막 심판이 있기 전에는 완전히 완성되지 않을 것이다.

우리는 이 말씀을 통해 창세기 13장 16절에서 아브라함에게 주신 약속이 성취되는 것을 본다. "내가 네 자손이 땅의 티끌 같게 하리니 사람이 땅의 티끌을 능히 셀 수 있을진대 네 자손도 세리라." 이 후손들은 유대인과 이방인 모두를 포함하며 믿음으로 하나님의 백성이 된 자들이었다. 이는 아브라함에게 주신 언약에 예언된 하나님의 구속과 회복에 대한 언약 이야기의 정점을 보여 준다.

하나님의 백성은 "흰 옷을 입고 손에 종려 가지를 들고 보좌 앞과 어린 양 앞에 서"(계 7:9) 있다. 흰 옷은 그리스도의 의의 옷이며, 종려 가지는 세상과 육체와 사탄과의 전쟁에서 그리스도께서 승리하신 것을 의미한다. 또한 종려 가지는 초막절을 상기시킨다. 초막절은 이스라엘이 애굽에서 약속의 땅으로 가는 광야 생활 동안 장막을 치며 생활할 때, 홍해에서 보여 주신 하나님의 구원과 보호하심과 공급하심을 기억하며 지키는 감사절기였다(레 23:40, 43). 이 절기는 그리스도 안에서 완전히 성취되었다.

우리는 성부 하나님과 성자 예수님께서 이루신 구원의 역사를 찬양한다. "…구원하심이 보좌에 앉으신 우리 하나님과 어린 양에게 있도다"(계 7:10). 성부 하나님은 그분의 백성을 구속하려 예수님을 세상에 보내셨다. 성자 예수님은 완전한 순종으로 구속의 사역을 성취하셨고, 성령 하나님은 우리에게 구속의 사역을 적용하신다.

모든 천사가 보좌와 장로들과 네 생물 주위에 섰다가 보좌 앞에 엎드려 하나님께 경배했다(계 5:11-12). 그들의 예배 요소는 우리가 어떻게 하나님을 찬양해야 하는지 알려 준다. 모든 복이 하나님으로부터 오기 때문에 우리는 하나님을 송축해야 한다. 하나님 홀로 심판과 구원을 계획하셨기 때문에 홀로 영광 받으셔야 한다. 하나님의 계획과 목적은 지혜롭다. 우리의 삶은 모든 영광을 받으시는 하나님 앞에 항상 감사하는 삶이 되어야 한다. 왜냐하면 그분의 능력과 권능으로 구속받은 자들을 구원하셨기 때문이다.

하나님의 왕권에 대한 찬양

신자들은 새 하늘과 새 땅에서 하나님의 왕권을 찬양할 것이다. 요한계시록 11장 16-17절에서 우리는 "하나님 앞에서 자기 보좌에 앉아 있던 이십사 장로가 엎드려 얼굴을 땅에 대고 하나님께 경배하"는(계 11:16) 모습을 본다. 이 모습은 예배의 올바른 자세다. 우리는 문자 그대로 엎드리든지 마음의 자세로 엎드리든지, 하나님 나라의 목적을 이루신 전능하신 주님 앞에서 스스로를 겸손히 낮춰야 한다. 장로들은 하나님께 감사하며 고백했다.

"이르되 감사하옵나니 옛적에도 계셨고 지금도 계신 주 하나님 곧 전능하신 이여 친히 큰 권능을 잡으시고 왕 노릇 하시도다"(계 11:17).

이 땅에서 우리는 충분히 찬양하고 있지는 않지만, 새 예루살렘에서는 계속해서 찬양할 것이다. 하지만 지금도 우리는 하나님의 은혜로, 원망하고 불평하는 대신 주님의 성품과 우리에게 행하신 모든 일로 인해 감사할 수 있다. 그분은 이제 계시고 전에도 계셨던 전능하신 주 하나님이시다. 완성된 왕국에서 그리스도는 어둠을 이기신 큰 능력으로 만물을 영원히 통치하신다.

우리는 기도하면서 하나님의 주권을 간과할 때가 있다. 하나님 앞에 간구한 후 스스로 문제를 해결하려 하거나, 우리가 원하는 상황을 만들거나, 우리 힘으로 죄를 극복하려고 한다. 그러나 하나님은 우리 삶의 세부적인 것들까지도 다스리시며, 우리 삶을 향한 하나님의 목적을 성취하실 수 있는 유일한 분이시다. 따라서 우리는 하나님께 간구하며 오직 하나님 한분만을 신뢰해야 한다.

하나님의 행하신 일들에 대한 찬양

신자들은 영원토록 하나님의 공의로운 행적으로 인해 찬양할 것이다. 요한계시록 15장 3-4절을 보면 두 번째 출애굽을 경험한 성도들이 "하나님의 종 모세의 노래, 어린 양의 노래를"(계 15:3) 부른다. 첫 번째 출애굽 이후 불렸던 모세의 노래(출 15장; 신 32장)는 어린 양의 노래라고 불린다. 그 이유는 하나님의 종 모세가 종들 중의 참 종(the Servant of servants)이신 그리스도를 고대했기 때문이다. 어린양의 노래는 하나님의 백성의 구원을 찬양함과 동시에 하나님의 대적들을 향한 심판을 선포한다.

이 노래는 하나님의 일들이 "크고 놀라우시"며(계 15:3; 출 34:10; 시 111:2-4 참조) 그분이 "주 하나님 곧 전능하신 이"심을(계 15:3) 고백한다. 그분의 일들은 그분의 공의와 진리를 나타내며 그분의 성도들은 "주의 길이 의롭고 참되시도다"(계 15:3; 시 11:7; 33:5; 97:2 참조)라고 단언한다. 하나님은 이스라엘에만 한정된 하나님이 아니라 "만국의 왕"(계 15:3; 시 2:7-9 참조)이셨다. 열방을 다스리시는 왕으로서 하나님은 열방을 사용하사 하나님의 백성을 위한 그분의 목적과 계획을 성취하실 수 있는 능력을 갖고 계신다. 그렇기에 하나님의 성품과 경영이 모두 예배를 받으신다.

마지막 때에는 "모든 무릎을 예수의 이름에 꿇게 하시고 모든 입으로 예수 그리스도를 주라 시인하여 하나님 아버지께 영광을 돌리게"(빌 2:10-11) 하시므로 하나님의 이름을 두려워하지 않고 영광을 돌리지 않을 사람은 아무도 없을 것이다. 하나님께서 행하신 의로운 일들이 마침내 온전히 드러날 것이다.

"일곱째 천사가 나팔을 불매 하늘에 큰 음성들이 나서 이르되 세상 나라가 우리 주와 그의 그리스도의 나라가 되어 그가 세세토록 왕 노릇 하시리로다 하니"(계 11:15).

그분의 도덕적 순결함과 신적인 속성의 모든 것인 그분의 거룩함은 예배받을 것이다. 그리고 모든 나라가 그분의 보좌 앞에 나아오게 될 것이다(시 86:9-10; 98:2; 렘 10:7).

하나님께서 당신의 삶에 행하신 일들을 살펴보라. 세어 보고, 묵상하고, 가족들과 나누어 보라. 그리고 그로 인해 하나님을 찬양하라. 당신의 삶에서 일어나고 있는 하나님의 주권을 인식하라. 거기에는 우연한 기회도 행운이나 실수도 없다. 하나님은 그분의 목적을 위해 당신의 삶의 사건들을 지휘하고 계신다.

그분의 길은 공정하고 진실하다. 우리는 자신을 믿지 못하는 순간에도 하나님을 신뢰할 수 있다. 어둠 속에서 길이 보이지 않을 때도 우리는 그분의 길을 신뢰할 수 있다. 하나님은 우리의 삶의 상황과 관계를 다스리시며, 우리의 삶의 선을 위해 그것들을 사용하신다. 하나님을 찬양하라!

하나님의 사랑을 향한 찬양

요한계시록뿐만 아니라 성경 전체를 통틀어 최고의 노래는 요한계시록 19장 6-7절에서 찾을 수 있다.

"…할렐루야 주 우리 하나님 곧 전능하신 이가 통치하시도다 우리가 즐거워하고 크게 기뻐하며 그에게 영광을 돌리세 어린 양의 혼인 기약이 이르렀고 그의 아내가 자신을 준비하였으므로."

하나님 나라의 완성은 주님께서 전능하시며 통치하시는 분이라는 사실을 드러낸다(시 47:8; 사 52:7; 겔 1:24). 교회는 기뻐하고 즐거워하며 하나님께 영광을 돌린다. 어린양의 혼인 잔치가 다가왔다(사 61:10; 호 2:14-20; 고후 11:2; 엡 5:25)! 성령님의 능력으로 교회는 박해와 기만과 유혹의 불길로 둘러싸인 세상 나라를 견뎌 왔고, 준비되었다. 교회는 증인이자 예배자로 굳건히 서서 어린양의 혼인 잔치에 합당하다는 것을 증명했다. 박해와 기만과 유혹의 불로 연단하지 않았다면, 교회는 결코 신랑과 결혼할 준비가 되지 않았을 것이다. 그러나 하나님은 이런 것들을 사용하셔서 교회가 하나님의 아들을 맞이할 준비를 하게 하시고, 빛나고 깨끗한 세마포 옷을 입혀 주셨다. 역사의 마지막 어린양의 혼인 잔치에서 우리가 빛나고 깨끗한 세마포 옷을 입는 것처럼, 지금도 우리는 하나님의 성령으로 말미암아 깨끗한 세마포 옷을 입고 우리 주님이시자 구주이신 예수 그리스도와 나란히 은혜의 보좌 앞으로 나아갈 수 있다(히 4:16). 지금 우리가 삼위일체 하나님과 누리는 관계는 친밀한 관계다. 그리스도의 의로 말미암아 우리는 부끄러움 없이, 어느 방해도 받지 않은 채 하늘에 계신 아버지께 노래할 수 있다. 그러나 하나님께서 먼저 우리를 위해 노래하셨다는 사실을 결코 잊지 말라.

"너의 하나님 여호와가 너의 가운데에 계시니 그는 구원을 베푸실 전능자이시라 그가 너로 말미암아 기쁨을 이기지 못하시며 너를 잠잠히 사랑하시며 너로 말미암아 즐거이 부르며 기뻐하시리라 하리라"(습 3:17).

예수님께서 다시 오실 때 기쁜 마음으로 내려놓을 기도에는 어떤 것들이 있는가? 아마 당신이 마주하고 있는 고통이나 불의를 없애 달라고 간청하는 데 지쳤을지도 모른다. 또한 악한 자에게서 자신을 구원해 주시고, 부도덕함과 우상숭배의 유혹에서 자유롭게 해 달라고 기도하는 데 지쳤을지도 모른다. 어쩌면 부상이나 질병, 결혼 생활의 상처나 불임, 실직이나 재정적인 어려움에 대해서 더 이상 기도하지 않아도 될 날을 고대하고 있을지도 모른다. 그날 우리의 기도는 완전한 찬양으로 바뀌게 될 것이다. "다시 저주가 없으며 하나님과 그 어린 양의 보좌가 그 가운데에 있으리니 그의 종들이 그를 섬기며 그의 얼굴을 볼 터이요 그의 이름도 그들의 이마에 있으리라 다시 밤이 없겠고 등불과 햇빛이 쓸 데 없으니 이는 주 하나님이 그들에게 비치심이라 그들이 세세토록 왕 노릇 하리로다"(계 22:3-5).

더 깊은 묵상과 기도를 위한 질문

1. 새 하늘과 새 땅에서의 기도를 상상해 본 적이 있는가? 이 장의 내용은 새롭고 다양한 내용을 어떻게 가르쳐 주었는가?

2. 이 장을 읽기 전에 그리스도의 죽음과 부활로 시작된 하나님 나라의 찬양대에 신자들이 이미 속해 있다는 사실을 알고 있었는가? 이 진리를 숙고할 때 어떤 생각이 드는가?

3. 당신의 기도와 찬양은 어떤 면에서 다른 사람들에게 중요한 복음 증거의 도구가 될 수 있는가?

4. 참 하나님께 무릎을 꿇고 예배를 드리도록 기도해 줘야 할 사람이 있는가?

5. 모든 영예를 받으셔야 할 하나님 앞에 당신의 삶을 감사함으로 드리고 있는가? 이 모습이 어떻게 나타나고 있는가?

6. 하나님께 간구한 후 스스로 문제를 해결하려 하거나, 당신이 원하는 상황을 만들거나, 당신의 힘으로 죄를 극복하려고 했던 때가 있는가? 그 경험을 고백하고, 당신의 간구에 대해 하나님을 신뢰할 수 있게 해 달라고 기도하라.

7. 당신은 얼마나 자주 하나님께서 당신의 삶에서 행하신 일들을 묵상하고, 나누며 이로 인해 하나님을 찬양하는가? 오늘부터 시작해 보라. 매일 당신의 일기에 기록할 내용이 더 있는지 고려해 보라.

8. 하나님의 사랑에 대해 시를 쓰거나 노래를 만들어 보라. 시작하기 전에 하나님의 사랑을 노래한 찬양 중 가장 좋아하는 곡을 음미해 보라.

9. 이 장에서 배운 내용을 토대로 하나님을 향한 기도문을 작성해 보라.

10. 요한계시록 4장 11절을 암송해 보라.

주

성경신학적 기도에 대한 서론

1) *The Westminster Confession of Faith and Catechisms* (Lawrenceville, Ga.: Christian Education and Publications, 2007), 1.5. 이어지는 모든 웨스트민스터 신앙고백서(WCF)와 대요리문답(WLC) 그리고 소요리문답(WSC)의 인용은 이 책에서 가져왔다.

2) Iain M. Duguid, "Old Testament Hermeneutics," in *Seeing Christ in All of Scripture: Hermeneutics at Westminster Theological Seminary*, ed. Peter A. Lillback (Philadelphia, Pa.: Westminster Seminary Press, 2016), 17, 19.

3) Geerhardus Vos, *Biblical Theology: Old and New Testaments* (1975; repr., Edinburgh: Banner of Truth, 2007), 14; 게할더스 보스, 『성경신학』, 원광연 역, (고양: 크리스천다이제스트, 2017).

4) 이 다섯 가지 요소들을 가르쳐 주는 좋은 **성서 신학**에 대한 정의에 대해서는 다음을 보라. B. S. Osner, "Biblical Theology," in *New Dicitonary of Biblical Theology*, ed. T. Desmond Alexander, Brian S. Rosner, D. A. Carson, and Graeme Goldsworthy (Downers Grove, Ill.: IVP Academic, 2000), 10; 데스몬드 알렉산더, 브라이언 로즈너, D. A. 카슨, 그레엄 골즈워디, 『IVP 성경신학사전』, 권영경 외 역, (서울: IVP, 2020).

5) Stephen G. Dempster, *Dominion and Dynasty: A Theology of the Hebrew Bible, New Studies in Biblical Theology* (Downers Grove, Ill.: IVP

Academic, 2003), 51; 스티븐 뎀프스터, 『NSBT 하나님 나라 관점으로 읽는 구약신학』, 박성창 역, (서울: 부흥과개혁사, 2012).

3. 신실하신 하나님

1) E. P. Clowney, "Prayer," *New Dictionary of Biblical Theology*, ed. T. Desmond Alexander, Brian S. Rosner, D. A. Carson, and Graeme Goldsworthy (Downers Grove, Ill.: IVP Academic, 2000), 692; 데스몬드 알렉산더, 브라이언 로즈너, D. A. 카슨, 그레엄 골즈워디, 『IVP 성경신학사전』, 권영경 외 역, (서울: IVP, 2020).

2) Vos, *Biblical Theology*, 97-99; 보스, 『성경신학』.

4. 기억하시는 하나님

1) *ESV Study Bible* 중 출애굽기 19장 1-3절에 관한 주석 (Wheaton, ILL.: Crossway Bibles, 2008), 174; 『ESV 스터디 바이블』, 신지철 외 역, (서울: 부흥과개혁사, 2014).

2) Vos, *Biblical Theology*, 151; 보스, 『성경신학』.

3) 웨스트민스터 신앙고백서 7장 5항

5. 들으시는 여호와 하나님

1) John H. Walton, Victor H. Mattews, and Mark W. Chavalas, *The IVP Bible Background Commentary: Old Teastament* (Downers Grove, Ill; IVP Academic, 2000), 281; 존 월튼, 빅터 매튜스, 마크 샤발라스, 『IVP 성경배경주석: 구약』, 정옥배 역, (서울: IVP, 2001).

2) I. Howard Marshall, A. R. Millard, J. I. Packer, and D. J. Wiseman, eds., *New Bible Dictionary*, 3rd ed. (Downers Grove, Ill.: IVP Academic, 1996), 1145; 하워드 마샬, 앨런 밀러드, 제임스 패커, 도널드 와이즈먼, 『새성경사전』, 나용화 외 역, (서울: CLC, 2001).

7. 용서하시는 하나님

1) 더 자세한 논의는 다음을 보라. G. K. Beale, *The Temple and the Church's Mission: A Biblical Theology of the Dwelling Place of God* (Downers Grove, Ill.: IVP Academic, 2004); 그레고리 K. 비일, 『성전신학: 하나님의 임재와 교회의 선교적 사명』, 강성열 역, (서울: 새물결플러스, 2014).

8. 기도하시는 주님

1) Clowney, "Prayer," 694-95; 알렉산더 외, 『IVP 성경신학사전』.

2) Heidelberg Catechism: 450th Edition, in *Comforting Hearts, Teaching*

Minds, by Starr Meade (Phillipsburg, N.J.: P&R, 2013), Q. 120; 이하 하이델베르크 요리문답 120문으로 표기.

3) 하이델베르크 요리문답 121문.

4) 하이델베르크 요리문답 122문.

5) 하이델베르크 요리문답 123문.

6) 하이델베르크 요리문답 124문.

7) 하이델베르크 요리문답 125문.

8) 하이델베르크 요리문답 126문.

9) 하이델베르크 요리문답 127문.

9. 성령으로 우리와 함께하시는 주님

1) J. Oswald Sanders, *Spiritual Leadership* (Chicago: Moody Press, 1994), 86.; 오스왈드 샌더스, 『영적 지도력』, 이동원 역, (서울: 요단출판사, 2018).

2) E. M. Bounds, *Prayer and Praying Men* (London: Hodder & Stoughton, 1921), 다음에 인용 Sanders, *Spiritual Leadership*, 92; 샌더스, 『영적 지도력』.

참고 도서

Beale, G. K. *The Temple and the Church's Mission: A Biblical Theology of the Dwelling Place of God.* New Studies in Biblical Theology. Downers Grove, Ill.: IVP Academic, 2004; 그레고리 K. 비일. 『성전신학: 하나님의 임재와 교회의 선교적 사명』. 강성열 역. 서울: 새물결플러스, 2014.

Clowney, E. P. "Prayer." In *New Dictionary of Biblical Theology*, edited by T. Desmond Alexander, Brian S. Rosner, D. A. Carson, and Graeme Goldsworthy, 691–96. Downers Grove, Ill.: IVP Academic, 2000; 데스몬드 알렉산더, 브라이언 로즈너, D. A. 카슨, 그레엄 골즈워디. 『IVP 성경신학사전』 중 Clowney, E. P. "기도." 권영경 외 역. 서울: IVP, 2020.

Dempster, Stephen G. *Dominion and Dynasty: A Theology of the Hebrew Bible.* New Studies in Biblical Theology. Downers Grove, Ill.: IVP Academic, 2003; 스티븐 뎀프스터. 『NSBT 하나님 나라 관점으로 읽는 구약신학』. 박성창 역. 서울: 부흥과개혁사, 2012.

Hamilton, James M. *What Is Biblical Theology? A Guide to the Bible's Story, Symbolism, and Patterns.* Wheaton, Ill: Crossway, 2014; 제임스 해밀턴. 『성경신학이란 무엇인가: 성경의 이야기, 상징, 패턴에 대한 안내서』. 김희정 역. 서울: 부흥과개혁사, 2015.

Heidelberg Catechism: 450th Anniversary Edition. In *Comforting Hearts, Teaching Minds* by Starr Meade. Phillipsburg, N.J.: P&R, 2013.

Ivill, Sarah. *The Covenantal Life: Appreciating the Beauty of Theology and*

Community. Grand Rapids: Reformation Heritage Books, 2018.

Johnson, Dennis E. *Him We Proclaim: Preaching Christ from All the Scriptures.* Phillipsburg, N.J.: P&R, 2007.

Lillback, Peter A., ed. *Seeing Christ in All of Scripture: Hermeneutics at Westminster Theological Seminary.* Philadelphia, Pa.: Westminster Seminary Press, 2016.

Marshall, I. Howard, A. R. Millard, J. I. Packer, and D. J. Wiseman, eds. *New Bible Dictionary,* 3rd ed. Downers Grove, Ill.: IVP Academic, 1996; 하워드 마샬, 앨런 밀러드, 제임스 패커, 도널드 와이즈먼. 『새성경사전』. 나용화 외 역. 서울: 기독교문서선교회(CLC), 2001.

Rosner, B. S. "Biblical Theology." In *New Dictionary of Biblical Theology,* edited by T. Desmond Alexander, Brian S. Rosner, D. A. Carson, Graeme Goldsworthy, 3–11. Downers Grove, Ill: IVP Academic, 2000; 데스몬드 알렉산더, 브라이언 로즈너, D. A. 카슨, 그레엄 골즈워디. 『IVP 성경신학사전』 중 Rosner, B. S. "성서 신학." 권영경 외 역. 서울: IVP, 2020.

Vos, Geerhardus. *Biblical Theology: Old and New Testaments.* 1975. Reprint. Edinburgh: Banner of Truth, 2007; 게할더스 보스. 『성경신학』. 원광연 역. 고양: CH북스(크리스천다이제스트), 2017.

Walton, John H., Victor H. Matthews, and Mark W. Chavalas. *The IVP*

Bible Background Commentary: Old Testament. Downers Grove, Ill.: IVP Academic, 2000; 존 월튼, 빅터 매튜스, 마크 샤발라스. 『IVP 성경배경주석: 구약』. 정옥배 역. 서울: IVP, 2001.

The Westminster Confession of Faith and Catechisms. Lawrenceville, Ga.: Christian Education and Publications, 2007.

사명선언문

너희가 흠이 없고 순전하여……세상에서 그들 가운데 빛들로
나타내며 생명의 말씀을 밝혀 _ 빌 2:15-16

1. 생명을 담겠습니다
만드는 책에 주님 주신 생명을 담겠습니다.
그 책으로 복음을 선포하겠습니다.

2. 말씀을 밝히겠습니다
생명의 근본은 말씀입니다.
말씀을 밝혀 성도와 교회의 성장을 돕겠습니다.

3. 빛이 되겠습니다
시대와 영혼의 어두움을 밝혀 주님 앞으로 이끄는
빛이 되는 책을 만들겠습니다.

4. 순전히 행하겠습니다
책을 만들고 전하는 일과 경영하는 일에 부끄러움이 없는
정직함으로 행하겠습니다.

5. 끝까지 전파하겠습니다
모든 사람에게, 땅 끝까지, 주님 오시는 그날까지
복음을 전하는 사명을 다하겠습니다.

서점 안내

광화문점 서울시 종로구 새문안로 69 구세군회관 1층
02)737-2288 / 02)737-4623(F)

강남점 서울시 서초구 신반포로 177 반포쇼핑타운 3동 2층
02)595-1211 / 02)595-3549(F)

구로점 서울시 동작구 시흥대로 602, 3층 302호
02)858-8744 / 02)838-0653(F)

노원점 서울시 노원구 동일로 1366 삼봉빌딩 지하 1층
02)938-7979 / 02)3391-6169(F)

일산점 경기도 고양시 일산서구 중앙로 1391 레이크타운 지하 1층
031)916-8787 / 031)916-8788(F)

의정부점 경기도 의정부시 청사로47번길 12 성산타워 3층
031)845-0600 / 031)852-6930(F)

인터넷서점 www.lifebook.co.kr